HEYNE

WER WEISS DENN SOWAS? 6

Warum werden manche Menschen
öfter von Mücken gestochen
und wie erkennt man falsches Lachen?

Und über 150 weitere knifflige Fragen
aus der beliebten Wissensshow im Ersten

WILHELM HEYNE VERLAG
MÜNCHEN

MIX
Papier | Fördert gute Waldnutzung
FSC® C014496

Penguin Random House Verlagsgruppe FSC® N001967

Originalausgabe 10/2023

Neumarkter Straße 28, 81673 München
Autoren: Gerald Drews und Conny Heindl
Illustrationen: Isabel Klett, Barcelona
Umschlaggestaltung: Hauptmann & Kompanie Werbeagentur, Zürich,
unter Verwendung eines Fotos von © ARD/Thomas Leidig
Satz: Schaber Datentechnik, Austria
Druck: GGP Media GmbH, Pößneck
Printed in Germany

ISBN: 978-3-453-60660-9

www.heyne.de

Liebe Leserinnen und Leser,

vor Ihnen liegt die inzwischen sechste Ausgabe unseres »Wer weiß denn sowas?«-Buches. Unsere Quiz-Autorinnen und -Autoren haben wieder akribisch recherchiert, um Ihnen eine ganz neue Sammlung der spannendsten Fragen, kniffligsten Rätsel und faszinierendsten Fakten aus den verschiedenen Wissensgebieten zu präsentieren.

In den folgenden Kapiteln werden Sie auf eine Reise durch ein breites Spektrum an Themen mitgenommen – angefangen bei Geschichte und Geografie bis hin zu fantastischer Physik und natürlich den nützlichen Dingen des Alltags. Denn Wissen ist nicht nur eine Bereicherung für den Geist, sondern auch ein Quell der Unterhaltung und des Staunens. Bei der Lektüre – das kann ich Ihnen versprechen – werden Sie das ein oder andere Aha-Erlebnis haben.

Kennen Sie zum Beispiel die Bedeutung der »Armleuchteralgen«? Oder wissen Sie, warum die Hühnerhaltung im 19. Jahrhundert eine wichtige Rolle in der Fotoindustrie gespielt hat? Und lustig fand ich, dass sich die Männchen einer bestimmten Spinnenart in bestimmten Situationen katapultartig durch die Luft schleudern können ... Aber das müssen Sie selbst lesen!

Seit der ersten Ausstrahlung von »Wer weiß denn sowas?« im Jahr 2015 fiebern neugierige Köpfe am Bildschirm und inzwischen auch in der ARD-Quiz-App bei jeder Ausgabe mit. Alle haben eines gemeinsam – sie wollen ihren Wissensdurst stillen und gleichzeitig Spaß haben. Mein herzlicher Dank geht daher nicht nur an Moderator Kai Pflaume und seine Rateteams für inzwischen über 1000 Sendungen, sondern auch an alle treuen Fans, die uns über die Jahre begleitet und inspiriert haben. Ich hoffe, dass Sie uns weiterhin verbunden bleiben – als Zuschauende der Sendung, Lesende des Buchs oder Spielende in der App!!

Tauchen Sie nun ein in die faszinierende Welt des Wissens und lassen Sie sich von den Fragen und Antworten beeindrucken. Egal, ob Sie das Buch allein lesen, es in geselliger Runde mit Freunden und Familie nutzen oder als Geschenk weitergeben. Ich hoffe, dass Sie genauso viel Freude beim Lesen dieses Buches haben wie wir bei seiner Erstellung. Denn Wissen ist nicht nur zum Angeben da, sondern vor allem zum Teilen und zum gemeinsamen Erleben.

Bleiben Sie auf jeden Fall weiter clever und neugierig!

Ihr
Frank Beckmann
Koordinator ARD Vorabend

1.

Was stellten die getrennt aufgewachsenen Zwillinge Jim Lewis und Jim Springer erst fest, als sie sich nach 39 Jahren wiedersahen?

A: Ihre Freundinnen, Ex-Frauen und Hunde hatten gleiche Vornamen.

B: Sie trugen dasselbe Tattoo-Motiv auf Schulterblatt und Knöchel.

C: Sie gewannen vor fünf Jahren mit identischen Zahlen in der Lotterie.

A: Ihre Freundinnen, Ex-Frauen und Hunde hatten gleiche Vornamen.

Sie sind als Jim-Twins in die Zwillingsforschung eingegangen: die eineiigen US-amerikanischen Zwillinge Jim Lewis und Jim Springer. Nachdem die beiden 1940 kurz nach der Geburt getrennt worden waren, brachten US-Forschende sie 39 Jahre später wieder zusammen und entdeckten Verblüffendes. Die Jims sahen einander nicht nur sehr ähnlich, sondern hatten beide einst einen Hund namens Toy. Sie waren von ihrer jeweils ersten Frau namens Linda geschieden und anschließend mit einer Betty liiert. Auch der Name ihrer ersten Söhne James Allan bzw. James Alan unterschied sich nur um ein l. Außerdem hatten die beiden, die völlig getrennt voneinander aufgewachsen waren, beinah die gleichen Rauch- und Trinkgewohnheiten, besaßen eine Polizeiausbildung und nannten Tischlern als ihr Hobby. Und sie verbrachten ihren Urlaub regelmäßig am selben Strand in Florida.

Diese Geschichte wurde Anlass für eine Studie der Universität von Minnesota/Minneapolis über getrennte Zwillinge, die zeigen sollte, ob und wie Gene Menschen beeinflussen. Da vor allem im und kurz nach dem Zweiten Weltkrieg Zwillinge von verschiedenen Zieheltern adoptiert worden waren, machten rund hundert Paare mit. Die Forschenden kamen zur Erkenntnis, dass etwa die Hälfte aller getesteten Eigenschaften wie zum Beispiel Intelligenz oder Religiosität genetisch bestimmt ist. Und sie stellten fest, dass dies bei eineiigen Zwillingen wesentlich öfter der Fall ist als bei zweieiigen.

2.

Warum gibt es mehr mildgesäuerte Butter als Sauerrahmbutter?

A: Zu ihrer Herstellung wird nur halb so viel Rahm benötigt.

B: Nur eine Rinderart gibt geeignete Milch für Sauerrahm.

C: Die Produktion von mildgesäuerter Butter ist lukrativer.

C: Die Produktion von mildgesäuerter Butter ist lukrativer.

Bei der Herstellung von Butter wird der Rahm geschlagen, bis sich feste Butterkügelchen und flüssige Buttermilch voneinander trennen. Für mildgesäuerte Markenbutter werden die Kügelchen dann mit Milchsäurekulturen versetzt und zu Butter weiterverarbeitet. Die entstandene eiweißreiche und fettarme Buttermilch wird vor dem Verkauf durch hinzugefügte Milchsäurekulturen nachgesäuert und etwas dickflüssiger gemacht.

Auch bei der Herstellung von Sauerrahmbutter werden Milchsäurekulturen hinzugefügt – aber gleich zu Anfang, also noch in den ungeschlagenen Rahm. Die Buttermilch, die dann beim Schlagen entsteht, wird allerdings leicht zähflüssig, weil die dem Rahm zugeführten Milchsäurebakterien das Eiweiß gerinnen lassen. Das wiederum erschwert die nötigen Erhitzungsverfahren, weil die Milch sich an den Maschinen festsetzen und verbrennen kann. Die Weiterverarbeitung von ungesäuerter Buttermilch, die bei mildgesäuerter Butter entsteht, ist daher lukrativer. Im Jahr 2021 wurden 277 200 Tonnen mildgesäuerter Markenbutter produziert, von Sauerrahmbutter hingegen nur 3700 Tonnen. Beim Verzehr wird die in der Sauerrahmbutter enthaltene Säure übrigens oft als Geschmacksfehler wahrgenommen.

3.

Das »Poezenboot« in Amsterdam …?

A: bringt Schulkinder von einem Ufer der Amstel zum anderen

B: dient als schwimmende Pflegestation für streunende Katzen

C: bietet als weltgrößte Schiffschaukel Platz für 250 Fahrgäste

B: dient als schwimmende Pflegestation für streunende Katzen

Es begann 1966 in Amsterdam mit einer streunenden Katze und ihren Jungen. Die schutzlose Familie fand ein Zuhause bei Henriette van Weelde in der Herengracht. Dann kam noch eine bedürftige Katze dazu und noch eine ... Irgendwann reichte der Platz nicht mehr. Warum nicht ein Hausboot anschaffen? So dachte Mefrouw van Weelde, und schon 1968 lag ein Boot, eine sogenannte Tjalk, auf dem Wasser der Singel (das ist die älteste innerstädtische Gracht in Amsterdam). Ein größeres Schiff folgte und 1987 die Gründung einer Stiftung mit dem Namen »De Poezenboot« – »Poes« bedeutet »Katze« auf Niederländisch.

Heute liegt das 2002 renovierte »Poezenboot« als schwimmendes Tierheim immer noch in der Singel, nur wenige Gehminuten vom Amsterdamer Hauptbahnhof entfernt. Bis zu 60 streunende Katzen finden hier gleichzeitig Zuflucht – möglichst nur vorübergehend. Denn der Verein bemüht sich natürlich, jeden seiner Schützlinge in ein neues Zuhause zu vermitteln, kastriert, gechippt und entwurmt. Manchen Fellnasen gefällt es allerdings so gut auf dem Boot, dass sie immer wieder dorthin zurückkehren. Katzen können eben stur sein. Der Verein lebt von Spenden und führt auch gerne Gäste über das Boot.

4.

Breiten sich Hutpilze kreisförmig auf einem Rasen aus, ...?

A: kann das unterirdische Pilzgeflecht den Rasen austrocknen

B: weist das auf eine Brutstätte für Engerlinge hin

C: wurde der Garten mit zu viel Kalium gedüngt

A: kann das unterirdische Pilzgeflecht den Rasen austrocknen

»Hexenring« heißt die kreisförmige Ausbreitung von Hutpilzen auf dem Rasen. Zwar wachsen Hutpilze normalerweise gern im Schatten unter Büschen und Bäumen. Bei feuchtwarmer Witterung sprießen sie jedoch vermehrt aus dem Rasen und bilden einen Kreis. Dabei lassen die oberirdisch sichtbaren Fruchtkörper – also die Stängel mit den Hütchen – auf das Pilzgeflecht schließen, das sich innerhalb des Kreises unter der Erde befindet. Myzel wird dieses Geflecht in der Fachsprache genannt.

Hutpilze sind dann allerdings nicht nur ein optisches Problem. Das unterirdische Myzel ist bei manchen Arten Wasser abweisend. Die Folge: Der Rasen trocknet aus und verfärbt sich, auch wenn er ausreichend gegossen wird. Und das Myzel kann immer weiterwachsen. Da hilft nur eins: Rausnehmen! In einem ersten Schritt werden die Fruchtkörper vom Myzel getrennt. Dafür innerhalb des Rings mit einer Grabegabel in den Rasen stechen und die Grasnarbe leicht anheben. Damit reißt die Verbindung nach unten, und die Fruchtkörper lassen sich einfach entfernen. Dann kann das Pilzgeflecht ausgestochen und über den Hausmüll entsorgt werden. Pilze bevorzugen saure und nährstoffarme Böden. Kaliumreicher und basischer Dünger hilft deshalb, den »Hexenringen« vorzubeugen.

5.

Was ist das Besondere an dem in den 1960er-Jahren populären, frühen Spielecomputer »Dr. Nim«?

A: Er ist nur für 13 Spielrunden konzipiert und danach funktionslos.

B: Ein einziges Spiel dauert länger als fünf Stunden.

C: Der Spieler kann nie gewinnen.

C: Der Spieler kann nie gewinnen.

Wer zum Spiel gegen den Computer »Dr. Nim« antritt, muss Frust aushalten können. Denn die Maschine gewinnt immer. Ihr Name leitet sich von dem Strategiespiel »Nim« ab. Dabei nehmen zwei Spielende abwechselnd eine bestimmte Anzahl von Gegenständen weg – etwa Münzen, Murmeln oder Streichhölzer. Dabei wird vorher festgelegt, wie viele Gegenstände in einem Zug höchstens genommen werden dürfen. Gewonnen hat, wer das letzte Objekt wegnehmen kann. Entsprechend gewinnt auch beim Computerspiel, wer den letzten Zug ausführt – und das ist immer die Maschine. Denn mit ihren perfekten Spielzügen kann sie den Sieg stets erzwingen, sofern es der Mensch ist, der den ersten Zug tut.

Der Computer »Dr. Nim« funktioniert mechanisch. Die Spielzüge werden mittels Plastikhebeln ausgeführt, die ihrerseits von Murmeln bewegt werden. Der US-Amerikaner John Thomas Godfrey, Ingenieur bei General Electric, konstruierte den Immergewinner Mitte der 1960er-Jahre.

6.

Hinter »Hanlons Rasiermesser« verbirgt sich der philosophische Ratschlag: »Schreibe nicht …?

A: der Unfähigkeit zu, was durch Faulheit erfolgte.«

B: der Absicht zu, was durch Zufall geschah.«

C: der Böswilligkeit zu, was mit Dummheit erklärt werden kann.«

C: der Böswilligkeit zu, was mit Dummheit erklärt werden kann.«

Philosophische Rasiermesser sind scharfe Waffen. Und doch fließt bei ihrer Anwendung kein Blut. Diese Rasiermesser sollen dabei helfen, unpassende Hypothesen aus der Welt zu schaffen – und zwar so gründlich, als ob diese mit einem Rasiermesser weggeschnitten würden. So schreibt etwa das Ockham-Rasiermesser vor, bei der Bildung von Theorien immer die einfachste Variante zu wählen – also sparsam zu sein. Wilhelm von Ockham war ein Philosoph und Theologe im 14. Jahrhundert.

Aber was nun besagt »Hanlons Rasiermesser«? Es lehrt, dass nicht der Böswilligkeit zugeschrieben werden sollte, was durch Dummheit ausreichend erklärbar wäre. Oder, kürzer gesagt: Die meisten Fehler entstehen aus Dummheit und nicht aus Gemeinheit. Häufig wird dieses Rasiermesser in Bezug auf Verschwörungstheorien verwendet: Ihre Entstehung ist leichter zu verstehen, wenn man annimmt, dass einfach Pfuscherei dahintersteckt und nicht etwa böse Absicht. »Hanlons Rasiermesser« stammt aus dem 20. Jahrhundert. Auf wen es zurückgeht, ist nicht zu klären. Es könnte eine reale Person dieses Namens gewesen sein, deren Zitat 1980 in einem Buch über »Murphy's Law« auftauchte, oder ein Sprichwort des Science-Fiction-Autors Robert A. Heinlein, das zuerst 1941 in einer von dessen Kurzgeschichten vorkam.

7.

Eignen sich Handdesinfektionsmittel auch für empfindliche Oberflächen wie Leder?

A: Ja, sie enthalten hauptsächlich pflegende Wirkstoffe.

B: Nein, sie können Farbpigmente oder Beschichtungen lösen.

C: Nur wenn die Oberflächen regelmäßig händisch berührt werden.

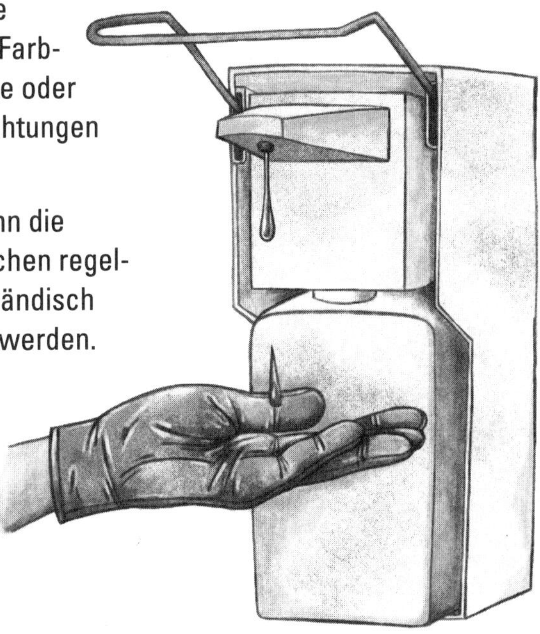

B: Nein, sie können Farbpigmente oder Beschichtungen lösen.

Corona brachte neben vielen gesundheitlichen Unannehmlichkeiten auch zunehmend Handdesinfektionsmittel in unsere Haushalte. Diese sind zwar weniger aggressiv als viele Flächendesinfektionsmittel, die auf Alkohol-, Chlor-, Ammonium- und Phenolbasis hergestellt werden und meist stark aggressive Wirkstoffe beinhalten. Aber trotzdem eignen sich auch Produkte für die Hände nicht für die Pflege von Haushaltsgegenständen. Empfindlichere Oberflächen wie Möbellack oder Leder sollten genauso wenig damit behandelt werden wie Brillen oder Handydisplays. Der Grund: Handdesinfektionsmittel enthalten ebenfalls Alkohol – etwa hochprozentiges Ethanol oder Isopropanol. Dieser kann Farbpigmente aus Textilien lösen oder schützende Beschichtungen auf Glas oder Elektrogeräten strapazieren.

Die Stiftung Warentest weist darauf hin, dass Desinfektionsmittel genauso wie zu häufiges Waschen unsere Haut austrocknen und sie rissig und spröde machen. Dabei besteht die Gefahr, dass sich in den Rissen leicht Keime ansiedeln. Die Warentester empfehlen, vor allem zu Hause Hände regelmäßig mindestens 20 Sekunden lang mit Seife oder milder Waschlotion zu waschen. Nach Meinung der Fachleute sind in einem gesunden Haushalt auch Flächendesinfektionsmittel meist überflüssig. Es genüge oft, gewöhnliche Haushaltsreiniger zu verwenden. Bei empfindlichen Oberflächen wird neben materialgerechten Pflegemitteln vor allem ein Mikrofasertuch empfohlen.

8.

Wer Kombucha-Tee zu Hause selbst herstellt, sollte neben sorgfältiger Hygiene darauf achten, dass …?

A: der Tee nicht in einem Keramikgefäß oder Bleikristallglas gelagert wird

B: die Flüssigkeit mehrmals am Tag umgerührt oder geschwenkt wird

C: das Behältnis möglichst viel in der Sonne steht

A: der Tee nicht in einem Keramikgefäß oder Bleikristallglas gelagert wird

Er gilt als Lebenselixier und geradezu als Wunderheilmittel etwa für den Darm – was sicher übertriebene Erwartungen sind. Kombucha ist ein fermentierter Tee und als solcher nach Ansicht der Verbraucherzentrale ein Erfrischungsgetränk, das bei sachgemäßer Produktion ähnlich gesund ist wie Sauerkraut oder andere fermentierte Lebensmittel. Er wird mithilfe eines Bakterien-Hefe-Gemischs hergestellt, des sogenannten Tee- oder Kombuchapilzes. Es gibt Kombucha fertig zu kaufen, man kann ihn aber auch selbst ansetzen.

Dabei ist Hygiene besonders wichtig, damit sich keine schädlichen Keime ansiedeln. Außerdem sollten für die Zubereitung und Lagerung keine Gefäße aus Keramik verwendet werden, denn die Glasuren können gesundheitsschädliche Schwermetalle wie Blei enthalten. Diese werden durch die Säure des Getränks herausgelöst. Das Gleiche gilt für Gefäße aus Bleikristall. Am besten ist es, herkömmliche Glasbehälter zu verwenden.

9.

Wodurch sorgte der brasilianische Rennfahrer Emerson Fittipaldi 1993 beim Autorennen »Indianapolis 500« für Aufsehen?

A: Er fuhr mit Flip-Flops.

B: Auf seinem Helm war Ludwig van Beethoven abgebildet.

C: Nach seinem Sieg trank er entgegen der Tradition Orangensaft.

C: Nach seinem Sieg trank er entgegen der Tradition Orangensaft.

»Indy 500«, so wird das Rundstrecken-Autorennen »Indianapolis 500« auch liebevoll genannt. Es findet seit 1911 jährlich statt – ausgenommen 1942 bis 1945 wegen des Zweiten Weltkrieges. Das Rennen über 500 Meilen gehört zu den Grand-Slam-Ereignissen im Rennsport. Es lockt jährlich mehr als 400 000 begeisterte Fans in die Stadt Speedway bei Indianapolis. Seit 1936 besteht die Tradition, dass die erstplatzierte Person des Rennens einen kräftigen Schluck Milch nimmt. In jenem Jahr hieß der Sieger Louis Meyer – und er war nach dem Rennen so erschöpft, dass er eben nach Milch verlangte, genauer: nach Buttermilch. Einem findigen Werbestrategen der Milchbranche gelang es daraufhin, die Tradition mit normaler Milch zu etablieren.

Zwischen 1947 und 1956 tranken die Erstplatzierten zwar nur Wasser, seither aber wieder Milch. Bis 1993 der zweifache Formel-1-Weltmeister Emerson Fittipaldi nach seinem zweiten Indy-500-Sieg statt zur Milch zum Orangensaft griff. Er wollte damit Werbung für seine Orangenplantage in Brasilien machen. Die Fans und der amerikanische Milchverband waren wenig begeistert – und so trank Fittipaldi auch von der Milch, aber erst nachdem die Kameras ausgeschaltet waren. Böse Zungen behaupten sogar, höhere Milchmächte seien daran beteiligt gewesen, dass der Brasilianer 1994 in Führung liegend in eine Mauer krachte und ausscheiden musste ...

10.

Laut einer psychologischen Studie der australischen Griffith University von 2022 …?

A: können Männer weniger gut räumlich denken als Frauen

B: überschätzen Männer ihren IQ häufiger als Frauen

C: schummeln Männer bei ihrer Altersangabe weniger als Frauen

B: überschätzen Männer ihren IQ häufiger als Frauen

Männer sind nicht intelligenter als Frauen – das Umgekehrte trifft aber ebenso wenig zu. Es gibt einfach kein intelligenteres Geschlecht. Aber erzählen Sie das mal einem Mann! Er wird Ihnen vermutlich nicht glauben. Denn Männer überschätzen ihren eigenen Intelligenzquotienten (IQ) häufig. Viel häufiger als Frauen. Das ergab 2022 eine Studie eines Psychologieteams der Griffith University im australischen Brisbane. An der Studie nahmen 228 Personen teil, die sich selbst entweder als männlich oder als weiblich identifizierten.

Untersucht wurde, wie die Frauen und Männer, deren IQ ungefähr gleich war, die eigene Intelligenz beurteilten. Es zeigte sich, dass Männer ihren IQ häufig überschätzten. Die Frauen hingegen hielten ihren IQ mehrheitlich für niedriger, als er tatsächlich war. Das Ergebnis passt zu früheren Studien, denen zufolge Eltern ihre Söhne bereits im frühen Alter häufiger als klüger einschätzen als ihre Töchter. Interessant ist: Das Forschungsteam berücksichtigte nicht nur das biologische Geschlecht, sondern bezog auch psychologische Merkmale ein. Dabei stellte sich heraus, dass Frauen mit Eigenschaften, die als maskulin gelten, ihre eigene Intelligenz auch eher überschätzten. Je männlicher sich jemand verhält, desto eher wird er oder sie also die eigene Intelligenz zu hoch einschätzen.

11.

Der kleine Ort »Ohne« in Niedersachsen hat 2022 ...?

A: den Wettbewerb für den besten Ortsnamen gewonnen

B: ein Ortsschild ohne Beschriftung erhalten

C: einen Zusammenschluss mit der Gemeinde »Hose« vollzogen

B: ein Ortsschild ohne Beschriftung erhalten

Im Südwesten von Niedersachsen, dicht an der holländischen Grenze, liegt der kleine Ort Ohne. So heißt das Dorf, in dem knapp 600 Menschen leben. Im Jahr 2022 brauchte Ohne ein neues Ortsschild – ein grünes mit gelbem Schriftzug, wie für nicht geschlossene Ortschaften üblich. Die Bestellung gab die Straßenmeisterei im nahe gelegenen Nordhorn auf, unter der Rubrik »Ortsname« stand dabei im Formular korrekterweise: »Ohne«. Über das Logistikzentrum Niedersachsen ging die Bestellung weiter an die Schilderfirma.

Wenig später wurde in der Straßenmeisterei Nordhorn ein grünes Schild ohne jede Beschriftung angeliefert. Die Herstellerfirma hatte den Auftrag offensichtlich missverstanden – im Sinne von »ohne Gewähr« oder eben »ohne Aufschrift«. In Nordhorn war man zunächst verblüfft, dann amüsiert, dann klärte man den Irrtum auf – und der fehlende Schriftzug wurde nachgeliefert und aufgeklebt. Ohne ist übrigens ein sehr altes Dorf. Schon für die Karolingerzeit im 8./9. Jahrhundert n. Chr. ist eine Ansiedlung belegt. Ihr Name lautete damals »Oen«.

12.

Wofür ist die elektrische Leitfähigkeit ein wichtiges Kriterium?

A: Haltbarkeit von Weißbrot

B: Qualität von Kuhmilch

C: Reifegrad eines Kürbisses

B: Qualität von Kuhmilch

Letztlich ist doch alles Chemie. Und Physik. Auch bei der Milch, wie das folgende Beispiel zeigt. Kuhmilch enthält Elektrolyte – genauer: Natrium-, Kalium- und Chloridionen. Der Gehalt ist nahezu immer gleich. Nur wenn etwas mit der Kuh nicht stimmt, ändern sich die Werte. Landwirte und -wirtinnen machen sich das zunutze, indem sie bei jeder Kuh während des Melkens automatisch die Menge und den sogenannten Leitwert der Milch erfassen, also die elektrische Leitfähigkeit.

Weicht der gemessene Wert von der Norm ab, dann sind mehr Natrium- und Chloridionen vorhanden. Das wiederum deutet darauf hin, dass bei der Kuh das Eutergewebe gereizt ist oder dass eine Entzündung der Milchgänge droht. Die Messung der Leitfähigkeit ist also ein Frühwarnsystem für die Gesundheit der Kuh und die Qualität der Milch.

13.

Wer sich zu Zeiten Queen Elizabeths II. als Haushaltshilfe im Buckingham Palace bewarb, musste unter anderem …?

A: 64 Betten in drei Stunden frisch beziehen

B: eine platzierte tote Fliege im Raum finden

C: sich Witze erzählen lassen und dabei nicht lachen

B: eine platzierte tote Fliege im Raum finden

Was die berühmte Serie »The Crown« verschwieg: Königin Elizabeth II. war bekannt und berüchtigt für ihren Hang zur Reinlichkeit. Wer sich für eine Stelle als Reinigungskraft in ihren Gemächern bewarb, musste sich, ohne davon zu wissen, einer ziemlich gemeinen Prüfung unterziehen. Wie Tracy Waterman, die einstige Personalverantwortliche der Königin, in einer Fernsehdokumentation verriet, galt es, den »Dead Fly Test« zu bestehen. Für diesen Test hatte die Personalchefin in einem Raum eine tote Fliege platziert, etwa hinter einem Vorhang, auf einem Teppich oder dem Kaminsims. Anschließend spazierte sie mit den Bewerberinnen durchs Zimmer. Nur die Hälfte entdeckte die Fliegenleiche, und gar nur jede zehnte hob sie auf, wie Tracy Waterman in der Doku erzählte: »Das war dann diese eine besondere Haushaltshilfe, die ich suchte.«

Diese speziellen Mitarbeiterinnen zählen zu einer Armada von insgesamt 488 Menschen im Dienst des Königshauses – vom Klempner bis zum hauseigenen Uhrmacher. Der Buckingham Palace zählt sage und schreibe 775 Räume – darunter allein 19 Staatsgemächer sowie 52 königliche Schlaf- und Gästezimmer. Dafür braucht man schon eine ganze Menge Personal. Das darf dann sogar gratis im Palast wohnen, noch dazu bei freier Kost, aber auch bescheidenem Gehalt von durchschnittlich rund 25 000 € im Jahr.

14.

Die Farbe von verschiedenen Johannisbeersorten …?

A: beeinflusst die Haltbarkeit der Früchte

B: bestimmt, wie der Strauch geschnitten wird

C: wird durch den pH-Wert der Muttererde festgelegt

B: bestimmt, wie der Strauch geschnitten wird

Der beste Zeitpunkt, um Johannisbeeren zurückzuschneiden, ist im Sommer direkt nach der Ernte oder im Spätwinter, also Ende Februar. Rote und Weiße Johannisbeeren kann man beim Schneiden gleich behandeln, denn sie sind eng verwandt: Die Weißen wurden einst aus den Roten gezüchtet. Beide Sorten sollten pro Strauch insgesamt aus acht bis zehn Haupttrieben bestehen und tragen die meisten Früchte an den zwei- bis dreijährigen Trieben. Von den älteren, mindestens vierjährigen Trieben können Sie daher pro Jahr zwei bis drei Stück bodennah abschneiden. Diese älteren Triebe sind oft an Moos oder Flechten zu erkennen, die sich darauf niedergelassen haben.

Schwarze Johannisbeeren hingegen tragen den größten Teil ihrer Beeren an den langen einjährigen Seitentrieben. Von diesen sollten daher möglichst viele vorhanden sein. In den ersten drei Jahren werden alle Triebe im zeitigen Frühjahr, also vor dem Austrieb, um etwa ein Drittel über einem gut entwickelten Seitentrieb gekürzt. In den folgenden Jahren gilt wie bei Roten und Weißen Johannisbeeren: Ältere Triebe bodennah abschneiden und genauso viele junge Triebe stehen lassen. Schwache Triebe ebenfalls bodennah abschneiden. Die übrigen Triebe über dem zweiten oder dritten gut entwickelten Seitentrieb einkürzen.

ZITATE

Die aus dem Film »Terminator 2« bekannten Worte »Hasta la vista, baby« …?

A: waren die Abschiedsworte Boris Johnsons im Parlament

B: sprach Schwarzenegger erst in der Nachvertonung ein

C: machen Scheidungen in spanischen Standesämtern rechtskräftig

A: waren die Abschiedsworte Boris Johnsons im Parlament

Er soll sprechen wie ein Mensch. Das lernt Terminator T-800 alias Arnold Schwarzenegger im Film »Terminator 2« (1991) von seinem jungen Schützling John Connor. Und er bekommt auch gleich eine typisch menschliche Phrase gesagt: »Hasta la vista, baby«, also »Auf Wiedersehen, Baby«. Als er später den bösen Terminator T-1000 tötet, um John zu retten, gibt er dem Widersacher diese Worte mit auf den Weg. Kann ein Roboter also doch Ironie?

Boris Johnson jedenfalls kann. Bei seiner Abschiedsrede vor dem Londoner Parlament nach drei Jahren Amtszeit schleuderte der scheidende britische Premierminister den versammelten Abgeordneten im Juli 2022 dieselbe Formel entgegen. Er erntete Gelächter und von seiner eigenen Partei, den Tories, tosenden Applaus. Fragt sich nur, was er mit seinen Worten gemeint hatte. Etwa: »Wir sehen uns wieder«? Und sah der leicht übergewichtige Johnson, der stets kunstvoll verstrubbelt daherkommt, etwa eine Ähnlichkeit zwischen Schwarzenegger und sich selbst?

15.

Laut neuesten wissenschaftlichen Erkenntnissen werden manche Menschen öfter von Mücken gestochen, weil …?

A: sie einen höheren Serotoninspiegel aufweisen

B: sie ein schwächeres Immunsystem haben

C: ihre Haut saurer ist

C: ihre Haut saurer ist

Wir duften leider nicht immer nur nach Pfefferminz und Eukalyptus. Denn auf unserer Haut befinden sich unzählige Bakterien, Pilze und Mikroorganismen, bei deren Abbau Karbonsäuren entstehen, die flüchtige Duftmoleküle verursachen. Und die, nun ja, hin und wieder auch stinken. Das sind Aromen wie Buttersäure, Ameisensäure oder Essigsäure, die sich auch in bestimmten Käsesorten, ranziger Butter, im Ziegenstall oder Erbrochenem befinden. Und genau die, so haben Forschende der New Yorker Rockefeller-Universität herausgefunden, werden von bestimmten Mückenarten leider ziemlich attraktiv gefunden.

Nun ließen die Forschenden Testpersonen sechs Stunden lang spezielle Nylonärmel tragen, da diese den Geruch menschlicher Haut besonders schnell aufnehmen. Anschließend beobachteten sie das Verhalten der Dengue-Mücken, die Krankheiten übertragen können und sich aufgrund der klimatischen Veränderungen auch immer mehr Richtung Mitteleuropa ausbreiten. Dabei stellte sich heraus, dass die Mücken vor allem auf Ärmel flogen, an denen sich viel Karbonsäure befand. Unklar ist bisher noch, warum die Mücken davon angelockt werden. Das versucht man nun an der New Yorker Universität in weiteren Studien herauszufinden.

16.

In Deutschland gab es Mitte 2022 genau elf …?

A: Eichen, die mehr als 100 Meter in den Himmel wachsen

B: Großstädte, die ganzjährig kostenlosen Nahverkehr anbieten

C: Sütterlinstuben, die Dokumente in alter Handschrift übersetzen

C: Sütterlinstuben, die Dokumente in alter Handschrift übersetzen

Wer Tagebücher von den Groß- oder Urgroßeltern geerbt hat, findet darin zuweilen Einträge in einer ungewohnten, mit Spitzen und Schnörkeln versehenen Schreibschrift: der Sütterlinschrift. Sie ist nach ihrem Schöpfer benannt, dem Grafiker und Pädagogen Ludwig Sütterlin. Im Auftrag des preußischen Kultur- und Schulministeriums hatte er die Schrift 1911 entwickelt, um Schulkindern das Schreibenlernen zu erleichtern. Anders als die damals gängige Schrift ist die Sütterlin breiter, aufrechter und reicht nach oben wie unten weniger lang hinaus. Leicht abgewandelt war sie ab 1935 Teil des offiziellen Lehrplans.

1941 wurde dann per Erlass die sogenannte lateinische Ausgangsschrift eingeführt. Sie löste die Sütterlinschrift ab und war auch nach dem Zweiten Weltkrieg weiter verbindlich – in manchen Bundesländern gehört sie bis heute zu den Schreibschriften, die an Grundschulen gelehrt werden. Daher ist sie für die meisten Menschen heutzutage einfach zu lesen. Jedoch werden immer noch alte Schriftstücke in Sütterlinschrift entdeckt, etwa Briefe oder Tagebücher aus Privatbesitz. Vereine und Initiativen bieten an, diese alten Schriftstücke in eine moderne Schrift zu übersetzen. Stand Sommer 2022 gibt es in Deutschland elf solcher ehrenamtlicher Sütterlinstuben.

17.

Wer sich im Mittelalter eine Bähschnitte zubereitete, der …?

A: brühte Schafsdarm in heißem Wasser

B: klemmte eine Bratwurst zwischen zwei Brötchenhälften

C: röstete sich eine Scheibe Brot

C: röstete sich eine Scheibe Brot

Mit »I bäh!« hat sie nichts zu tun, die Bähschnitte, die man im deutschsprachigen Raum bereits im späten Mittelalter kannte und schätzte. Und auch das Blöken von Schafen spielt hier keine Rolle. Das Wort »bähen« kommt vielmehr vom althochdeutschen »bäen« – das bedeutet »wärmen« oder auch »rösten«. Zwar konnte »bäen« auch meinen, dass man etwas mit erweichenden Umschlägen heilte. Die Hauptbedeutung bezog sich aber auf das Rösten von Brot. Die sprachliche Verwandtschaft zu »backen« ist ja auch offensichtlich.

Bähen ließen sich alle Arten von Brot – auch graues oder Schwarzbrot. Im frühen 20. Jahrhundert gab es dafür sogar schon Brotröster. Dass wir diese Geräte heute »Toaster« nennen, liegt an den Briten. Sie bezeichneten ihr geröstetes Brot schon im Mittelalter als Toast. Dieses Wort wiederum kommt vom lateinischen »tostus« – »gedörrt«. In Deutschland hielt der helle, kastenförmige Toast, wie wir ihn heute kennen, aber erst in den 1950er-Jahren so richtig Einzug. Die US-amerikanische Weizenproduktion und deutsche Unternehmen, die Toastgeräte herstellen, taten sich dafür zusammen. Spätestens mit dem beliebten »Toast Hawaii« war der Toast hierzulande in aller Munde. »Bäh Hawaii« hätte auch sehr merkwürdig geklungen ...

18.

Der 1432 fertiggestellte Flügelaltar in der St.-Bavo-Kathedrale in Gent …?

A: wurde ursprünglich als Werkbank genutzt

B: stand bis 1998 unbemerkt mit der Vorderseite zur Wand

C: gilt als das am häufigsten gestohlene Gemälde der Welt

C: gilt als das am häufigsten gestohlene Gemälde der Welt

Er wurde von reichen Patriziern gestiftet und im Jahr 1432 geweiht: der monumentale Flügelaltar der St.-Bavo-Kathedrale im belgischen Gent. Geschaffen von den Brüdern Jan und Hubert van Eyck, ist der Altar eine Art gemalte Bibel: Er erzählt Geschichten aus dem Alten und Neuen Testament, von Adam und Eva aus dem 1. Buch Mose bis hin zur Offenbarung des Johannes, die vom Ende der Zeiten handelt. Der Altar verfügt über eine Alltags- und eine Festtagsseite. Diese wurde einst bei Gottesdiensten nur an Weihnachten, Ostern und Allerheiligen gezeigt.

Das gesamte Kunstwerk hat eine abenteuerliche Geschichte hinter sich. Wiederholt wurde es beschädigt, einmal fast zerstört und mehrere Male teilweise oder gar vollständig gestohlen. Sogar Napoleon raubte es und stellte es im heutigen Louvre aus. Doch kam der Altar immer wieder nach Gent zurück. Der letzte Diebstahl (wenn man eine Verschleppung durch Nationalsozialisten im Zweiten Weltkrieg nicht mitrechnet) fand 1934 statt. Damals verschwand eine Tafel der Festtagsseite nach gescheiterten Lösegeldverhandlungen, sie ist bis heute verschollen. Mit insgesamt sieben Diebstählen gilt der Genter Altar, der mittlerweile in einer Panzerglasvitrine unter dem Nordturm der Kirche ausgestellt ist, als das am häufigsten gestohlene Gemälde der Welt.

19.

Was sollte beim Waschen von Erdbeeren beachtet werden?

A: Erdbeeren vorher halbieren

B: Kelchblätter erst nach dem Waschen entfernen

C: zum Abtropfen kein Metallsieb verwenden

B: Kelchblätter erst nach dem Waschen entfernen

Erst waschen, dann putzen! So lautet die Devise für Erdbeeren. Die leckeren Früchte wirken zwar ganz robust, sind aber trotzdem empfindlich. Um sie nicht zu beschädigen, sollten sie daher nicht unter fließendem Wasser gewaschen werden, sondern in einer Schüssel voll kaltem Wasser ... Anschließend in einem Sieb abtropfen lassen und bei Bedarf trocken tupfen.

Erst nach dem Waschen soll man dann die Früchte putzen, also die Kelchblätter entfernen. Der Grund: Wäscht man sie vorher, saugen sich die Früchte über die frische Schnittstelle mit Wasser voll, das verringert das Aroma. Beim Schneiden nach dem Waschen kann das nicht passieren. Aus demselben Grund sollten Erdbeeren auch keinesfalls vor dem Waschen halbiert werden – viel zu viel Schnittfläche, viel zu großer Aromaverlust!

20.

Im April 2022 entschied das Landgericht Düsseldorf, dass eine Flugverbindung, die mehr als eine Stunde nach vorne verlegt wird, …?

A: als annulliert gilt

B: mindestens 72 Stunden vorher angekündigt werden muss

C: als pünktlich zählt und so keine Entschädigung rechtfertigt

A: als annulliert gilt

Wer eine Flugreise antritt, den beschäftigen kurz vorher viele Fragen. Fliegen wir oder nicht (die Technik, das Wetter, Streiks ...)? Mit wie viel Verspätung heben wir ab? Die eine Frage, um die es hier geht, ist mit Sicherheit selten dabei: Starten wir zu früh? Doch genau das geschah 2018. Eine Familie wollte ihren Sommerurlaub in Spanien verbringen und hatte schon beim Hinflug Pech: Der fand mit drei Stunden Verspätung statt. Der Rückflug wurde dann um eine Stunde vorverlegt. Da reichte es dem Familienvater, und er klagte.

Der Fall beschäftigte sogar den Europäischen Gerichtshof, der im Dezember 2021 eine Vorabentscheidung traf. Im April 2022 entschied schließlich die 22. Berufungszivilkammer des Landgerichts Düsseldorf: Reisende dürfen sich grundsätzlich auf die Flugzeiten verlassen, die ihnen in der Reisebestätigung verbindlich bestätigt wurden. Ein Flug, der um mehr als eine Stunde nach vorne verlegt worden ist, gelte folglich als annulliert, so das Gericht. Das sei übrigens auch dann so, wenn der Fluggast den Flug tatsächlich antrete. Eine Revision vor dem Bundesgerichtshof ließ das Landgericht nicht zu. Die Familie bekam zuletzt 3200 Euro Entschädigung ausgezahlt.

21.

Soldaten der Päpstlichen Schweizergarde …?

A: tragen Uniformen, die aus 154 Gewebestücken genäht sind

B: müssen Skifahren können

C: bereiten bei Auslandsreisen das Frühstück des Papstes zu

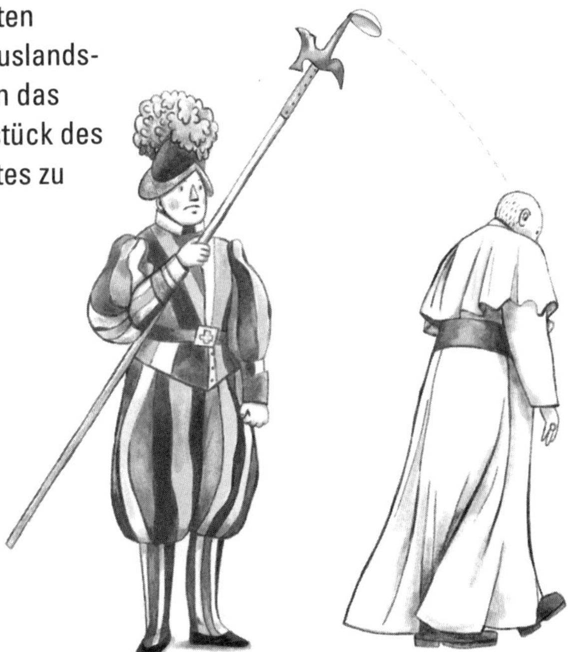

A: tragen Uniformen, die aus 154 Gewebestücken genäht sind

Seit dem Jahr 1506 schützt die Schweizergarde den Papst als das Oberhaupt der römisch-katholischen Kirche. Sie bewacht den Apostolischen Palast sowie die Zugänge zur Vatikanstadt und zum Sommersitz in Castel Gandolfo. Personenschutz, Schutz von Objekten, Wachdienste und Ehrendienste – so lassen sich die Aufgaben umschreiben. Noch immer gehören ausschließlich Schweizer der Ehrengarde an. Sie müssen natürlich fit sein – und außerdem mindestens 1,74 Meter groß.

Mit ihren verschiedenen Uniformen bilden die Gardisten einen Hingucker für die Urlaubsgäste in Rom und bei Fernsehübertragungen. Da gibt es etwa die blaue »Exerzieruniform« mit weißem Kragen und weißen Manschetten. Bei besonderen Anlässen wird die schwarze »Repräsentationsuniform« getragen. Am bekanntesten ist jedoch die »Galauniform« im Renaissancestil mit den Farben des Hauses Medici: Blau, Rot und Gelb. Sie geht nicht auf Michelangelo zurück, wie immer wieder gemutmaßt wird, sondern auf Entwürfe des Kommandanten Jules Repond (Dienstzeit 1910–1921), der sich dafür von Renaissancevorbildern inspirieren ließ. Wenn neue Rekruten ihren Dienst antreten, fertigt der Schneider der Päpstlichen Schweizergarde Ety Cicioni mit seinem Team die Uniformen von Hand: aus jeweils 154 Gewebestücken und mit 42 Knöpfen.

22.

Wer ein Postpaket zur Sicherheit komplett mit Klebeband umwickelt, ...?

A: muss es als Sperrgut aufgeben

B: kann es nur innerhalb Deutschlands verschicken

C: ist zur Abgabe einer eidesstattlichen Erklärung verpflichtet

A: muss es als Sperrgut aufgeben

Was ändert Klebeband schon am Gewicht oder den Abmessungen eines Pakets? Nichts, möchte man meinen. Aber einen Unterschied macht es doch, ob Packpapier/Karton die Oberfläche eines Pakets bildet oder aber Klebeband: Komplett mit Klebeband umwickelt, rutscht ein Paket in den Sortieranlagen des Paketzentrums schlecht durch. Deshalb kann es nicht maschinell bearbeitet werden, sondern muss in spezielle Transportschalen gelegt und individuell von Hand abgefertigt werden. Und das ist natürlich teurer.

Mit der rutschfesten Oberfläche gilt ein Päckchen oder Paket also als Sperrgut. In diese Kategorie fallen nämlich nicht nur Pakete, die besonders schwer oder sperrig sind, sondern auch solche, deren äußere Beschaffenheit von der Norm abweicht. Mit »Norm« sind demzufolge nicht nur Standardmaße gemeint. Auch Pakete, die in Folien verpackt sind, aus Holz oder Metall bestehen oder Tragegriffe aufweisen, gelten als Sperrgut. Und natürlich ist auch alles, was von der üblichen Form abweicht und stattdessen dreieckig oder rund ist, Sperrgut. Je nach Gewicht berechnen die Versandunternehmen Sperrgutzuschläge zwischen 15 und 30 Euro.

23.

Ein sogenannter Pizza Saver …?

A: schützt den Boden einer Tiefkühlpizza vor dem Anbrennen

B: macht es möglich, eine Pizza auf dem Gasgrill zuzubereiten

C: verhindert, dass der Deckel eines Pizzakartons die Pizza berührt

C: verhindert, dass der Deckel eines Pizzakartons die Pizza berührt

Manche Dinge sind so praktisch, dass man sie erfinden müsste – wenn es sie nicht schon gäbe. Etwa der Pizza Saver. »To save« heißt »schützen« oder »retten«, und tatsächlich tut der Pizza Saver, auch Pizza Stopper genannt, genau das. Pizzas werden ja oft transportiert – sie gehören zu jenen Essen, die gerne per Bringdienst ins Haus bestellt werden. Dann sind sie stets in einem Karton verpackt. Und das kann zum Problem werden, denn im Karton verbreitet die frisch gebackene Pizza ihre Hitze. Diese wiederum kann bewirken, dass sich der Kartondeckel nach innen wölbt – eine Bewegung, die manchmal erst auf dem Pizzabelag zum Stoppen kommt. Beim Öffnen klebt dann der halbe Belag am Kartondeckel.

Nicht aber, wenn zuvor der Pizza Saver zum Einsatz kam! Das ist ein Minihocker mit drei Beinen, der in der Regel aus Plastik besteht und etwa vier Zentimeter groß ist. Er wird einfach in die Mitte der Pizza gestellt und verhindert so, dass der Deckel sich nach unten wölben kann. Natürlich ist der Pizza Saver, der 1974 in Argentinien erfunden wurde, auch für andere Speisen geeignet. Bei der Pizza besteht aber aufgrund der Kartongröße der meiste Bedarf.

24.

In Steven Spielbergs Blockbuster »Jurassic Park« von 1993 ...?

A: sind viele der Dinosaurier nicht aus der Jura-, sondern aus der Kreidezeit

B: wurde Jeff Goldblum gecastet, weil er Paläontologie studiert hatte

C: wurde das Dino-Blut aus Schokosirup und Wasser hergestellt

A: sind viele der Dinosaurier nicht aus der Jura-, sondern aus der Kreidezeit

Der US-Amerikaner Jeff Goldblum hat weder Paläontologie studiert noch Mathematik, sondern wollte schon früh Schauspieler werden, was ihm auch gelang. Die Rolle des Chaostheoretikers Dr. Ian Malcolm im Film »Jurassic Park« von 1993 brachte ihm den Durchbruch – legendär das berühmte Zitat »Life finds a way«. Der Sci-Fi-Blockbuster von Regisseur Steven Spielberg handelt von einem Erlebnispark, in dem Menschen frei laufende Dinosaurier beobachten können, die mittels Gentechnologie gezüchtet wurden. Doch die Dinos werden zur tödlichen Gefahr für Besucher und Personal … Tatsächlich fließt viel Blut in dem Film – falsches Blut natürlich, aber nicht essbares.

Der Filmtitel bezieht sich auf das Zeitalter des Jura, das vor etwa 200 Millionen Jahren begann und rund 55 Millionen Jahre dauerte. In dieser Zeit wurden die Dinosaurier die wichtigsten Tiere auf dem Festland. Doch stammen lediglich zwei der im Film dargestellten Reptilien aus dieser Zeit: der riesige, pflanzenfressende Brachiosaurus und der schnelle Raubsaurier Dilophosaurus. Die Mehrheit der Film-Dinos, darunter der Tyrannosaurus rex, der gefiederte Fleischfresser Velociraptor und der Pflanzenfresser Triceratops, lebten in der auf das Jura folgenden Kreidezeit.

25.

Welches dieser Lebensmittel muss als einziges in Deutschland vor dem Verkauf amtlich zugelassen werden?

A: Babynahrung

B: rohe Teigwaren

C: natürliches Mineralwasser

C: natürliches Mineralwasser

Was ins Fläschchen oder Gläschen kommt, unterliegt gesetzlichen Regeln. Das betrifft die Zusammensetzung ebenso wie die Zusatzstoffe und Grenzwerte für etwaige Schadstoffe. Babynahrung wird also streng kontrolliert. Doch amtlich zugelassen werden muss in Deutschland nur, was in die Flasche kommt – in die Mineralwasserflasche nämlich. Natürliches Mineralwasser darf hierzulande nur unter diesem Label verkauft werden, wenn es behördlich anerkannt ist. Denn es stammt aus unterirdischen Vorkommen, die vor Verunreinigung geschützt sind. Außerdem zeichnet sich natürliches Mineralwasser durch seinen Gehalt an Mineralstoffen und Spurenelementen aus.

Diese ursprüngliche Reinheit und Qualität, die das Wasser ab der Quelle trinkbar macht, muss bis zum Verbraucher bestehen bleiben. Deshalb sind nur wenige Verfahren erlaubt, um das Wasser zu reinigen oder ihm etwa Kohlensäure zu entziehen. Über 800 natürliche Mineralwässer verfügen in Deutschland über die amtliche Anerkennung. Kein Zulassungsverfahren hingegen braucht das sogenannte Tafelwasser. Es muss, anders als das Mineralwasser, nicht zwingend am Quellort abgefüllt werden. Aber natürlich gelten auch für dieses Wasser Regeln und Grenzwerte, die es gesundheitlich unbedenklich machen.

26.

Vogelküken mit einer hohen Nestlingszeit, auch als Nesthocker bekannt, sind im Vergleich zu Nestflüchtern ...?

A: intelligenter

B: bessere Flieger

C: fast ausschließlich Zugvögel

A: intelligenter

Gut Ding will Weile haben! Das gilt auch für das Gehirn von Vögeln. Ein Forschungsteam aus Katalonien hat untersucht, welche Rolle die Nestlingszeit bei der Entwicklung von Vögeln spielt. Als Nestlingszeit wird die Zeit bezeichnet, in der die Küken im Nest hocken und von den Eltern gefüttert werden. Die 2022 veröffentlichten Ergebnisse des Teams legen nahe, dass Küken, die voll entwickelt schlüpfen und das Nest bald verlassen, neuronenärmere Gehirne besitzen. Sie werden auch Nestflüchter genannt. In diese Gruppe gehören zum Beispiel Gänse, Enten und Hühner. Sie wackeln oder schwimmen gleich hinter ihrer Mama her und können auch schon selbst fressen.

Nesthocker hingegen kommen meist nackt und blind zur Welt, sie bleiben länger zu Hause, werden gefüttert und wachsen langsamer heran. So haben ihre Gehirne mehr Zeit, um Neuronen auszubilden. Diese Vögel werden von Forschenden allgemein als intelligenter eingestuft. Beispiele dafür sind Papageien und Krähen – tatsächlich gelten diese ja als besonders schlau. Für die Studie hat das Team 111 Vogelarten aus 24 Familien untersucht und dabei auch die Körpergröße und -masse der Tiere berücksichtigt.

27.

Tannennadeln ...?

A: dienen zur Creme verarbeitet als Lippenpflegemittel

B: helfen als Sud gegen Erkältungen

C: fungieren zu einer Paste zerstoßen als Rostentferner

B: helfen als Sud gegen Erkältungen

Tannennadeln enthalten ätherische Öle. Diese wirken beruhigend und lindern Erkältungssymptome, indem sie den lästigen Schleim lösen. Schon seit der Antike sind die grünen Nadeln daher als Hausmittel beliebt. Auch heutzutage lässt sich die nötige Zutat fürs Waldbaden daheim ganz einfach herstellen. Man nehme … die Tannennadeln und etwas Speisesalz und übergieße beides mit kochendem Wasser. Die Hitze treibt das wirksame Öl aus der Pflanze. Um es zu inhalieren, beugen Sie sich unter einem ausgebreiteten Handtuch über den Topf und atmen vorsichtig ein.

Nicht nur die Tanne ist dafür geeignet, sondern ebenso die Nadeln von Kiefer und Fichte – am besten natürlich unbehandelt. Die Finger lassen sollten Sie allerdings von Eibe und Thuja, beide sind giftig. Und für Kinder sowie bei Asthma oder Keuchhusten ist dieses Rezept ebenfalls nicht geeignet, da empfiehlt sich besser der Gang in die Apotheke.

28.

Warum ist in historischen Arzneibüchern »Nichts-Salbe« als Mittel gegen Augenleiden aufgeführt?

A: Ärzte und Ärztinnen umgingen die Salbensteuer mit neuen Wortschöpfungen.

B: In der Alchemie wurde Zinkoxid als »weißes Nichts« bezeichnet.

C: Die Inhaltsstoffe hießen »Nickel-Chloratum« und »Tabak-Sulfat«.

B: In der Alchemie wurde Zinkoxid als »weißes Nichts« bezeichnet.

Seine Wirkung wird in der Penaten-Creme und bei manchen Sonnenschutzmitteln genutzt: Zinkoxid, das beim Verbrennen von Zink entsteht, hat austrocknende, leicht entzündungshemmende und deckende Eigenschaften. Es handelt sich um ein lockeres weißes Pulver, das Salben ihre weiße, dichte Konsistenz verleiht. Früher war Zinkoxid aufgrund seiner Eigenschaften Grundbestandteil vieler Augensalben. In alten Arzneibüchern werden solche Salben oft auch Nichts-Salben genannt. Warum? Das hat sprachliche Gründe.

Die Alchemisten und Alchemistinnen, die noch bis in die frühe Neuzeit hinein das Wissen von den Stoffen und ihren Reaktionen pflegten (bevor Chemie und Pharmakologie das übernahmen), nannten das Zinkoxid wegen seines Aussehens »nix alba« – »weißer Schnee«. Schon bald wurde das lateinische »nix« (»Schnee«) eingedeutscht. Es verwandelte sich wegen der klanglichen Verwandtschaft in »nichts«. Weil aber nur Lateinisches so richtig wissenschaftlich wirkt, wurde das deutsche »nichts« im 16. Jahrhundert wieder zurückübersetzt: »nihilum«. Fortan hieß die Salbe »nihilum album« – also »weißes Nichts«.

GENIES

Was unternahm der deutsche Philosoph Immanuel Kant nach eigenen Aussagen gegen seinen nächtlichen Durst?

A: Er trank den »warmen Sud frisch eingelegter Gürkchen«.

B: Er fand eine Atemtechnik, um »Luft durch die Nase zu trinken«.

C: Er bastelte einen »Halm von Stroh, um im Schlafe Tee zu saugen«.

B: Er fand eine Atemtechnik, um »Luft durch die Nase zu trinken«.

Nächtlicher Durst kann so richtig gemein sein. Man muss aufstehen, trinkt etwas – und muss wenig später wieder aufstehen, um das stille Örtchen aufzusuchen. An ruhigen Schlaf ist dann nicht mehr zu denken. Der Königsberger Philosoph Immanuel Kant, der allgemein als einer der klügsten Denker überhaupt galt und gilt, hatte seine eigene Methode, um diesem Dilemma zu entgehen. Um nicht »in eine andere Stube gehen und durch Herumtappen das Wassergeschirr suchen [zu] müssen«, behalf er sich nach eigenen Worten damit, »verschiedene und starke Atemzüge mit Erhebung der Brust zu tun und gleichsam Luft durch die Nase zu trinken«. Dadurch, so Kant, werde sein Durst in wenigen Sekunden völlig gelöscht.

Seinen Trick beschreibt der Philosoph 1798 in seiner Schrift »Der Streit der Facultäten«, das zu den letzten von ihm selbst herausgegebenen Werken gehört. Die Schrift vergleicht die theologische, philosophische und medizinische Wissenschaft miteinander. Im dritten Abschnitt geht es um Philosophie im Gegensatz zu Medizin und dabei auch um die Frage, ob der Mensch durch die Kraft der Gedanken »krankhafte Gefühle« überwinden kann. Beim Einschlafen bewusst mit geschlossenem Mund einzuatmen, so Kant, gehöre zu diesen mentalen Techniken: Es helfe dabei, in der Nacht nicht durch Hustenreiz oder Durst infolge ausgetrockneter Schleimhäute aufzuwachen.

29.

Für welches seltsame Problem mussten manche Laptophersteller Anfang der 2000er-Jahre eine Lösung finden?

A: Computerspiel-Highscores brannten sich stets in den Monitor ein.

B: Janet Jacksons »Rhythm Nation« zerstörte beim Abspielen Festplatten.

C: Chatdienste sendeten beim Befehl »Drucken« willkürliche Nachrichten.

B: Janet Jacksons »Rhythm Nation« zerstörte beim Abspielen Festplatten.

Sie ist das jüngste von zehn Kindern von Joseph und Katherine Jackson und fast genauso populär wie ihr berühmter Bruder Michael: Janet Jackson. Mehr als 160 Millionen Tonträger hat die fünffache Grammy-Gewinnerin seit Beginn der 1980er-Jahre verkauft. 1989 erschien »Rhythm Nation 1814«, das vierte Album, das sage und schreibe sieben Singles in den amerikanischen Top Fünf platzieren konnte. Eine davon gab dem Album seinen Namen: »Rhythm Nation«.

Mit diesem Titel gelang Janet Jackson unfreiwillig etwas wirklich Außergewöhnliches: Denn etwa um 2005 stießen Laptophersteller, die einen bestimmten Festplattentyp verbaut hatten, auf ein eigenartiges Problem. Beim Abspielen des Songs ging die Festplatte kaputt. Aber nicht nur das: Das Lied zerstörte sogar die Festplatte von Laptops, die lediglich in der Nähe standen, wenn das Lied anderweitig abgespielt wurde. Die Lösung dieses Phänomens ist letztlich physikalischer Natur: Der Song enthält eine Frequenz, die mit der Eigenresonanz einer bestimmten Baureihe von Festplatten identisch ist. Das Lied versetzte auf diese Weise die Platte so lange in Vibrationen, bis sie schließlich kaputtging. Die meisten Laptops besitzen heutzutage keine Festplatten mit rotierenden Scheiben mehr, sondern Platten aus Halbleiterbausteinen, wie sie auch in Smartphones oder USB-Sticks zu finden sind. Somit ist das Risiko, dass ein Musikstück einem Laptop den Knock-out versetzt, nahezu ausgeschlossen.

30.

Wozu dienen s-förmige Eisenhaken, die im Wald häufig an den Enden von gefällten Baumstämmen eingeschlagen werden?

A: Sie sind individuelle Besitzmarkierungen des Waldbesitzers.

B: Sie dienen als Befestigungshaken zum Abtransport der Stämme.

C: Sie verhindern während der Trocknung ein Aufreißen des Stammes.

C: Sie verhindern während der Trocknung ein Aufreißen des Stammes.

Wenn ein Baum gefällt worden ist, so sind die Stämme auch danach noch großen Veränderungen ausgesetzt. Die Säfte im Inneren versiegen langsam, das Holz trocknet aus. Währenddessen kommen sie, solange sie im Wald liegen, immer wieder mit Regen und Tau in Berührung. Damit ergibt sich ein stetiger Wechsel von Nasswerden und Trocknen. Deshalb arbeitet das Holz kräftig. Das wiederum kann den Stamm reißen und splittern lassen. Darum werden oft mit dem Hammer oder dem Axtrücken s-förmige Eisenhaken in die beiden Stirnseiten geschlagen – ins »Herz« des Baumes, wie man sagt.

Durch seinen gegenläufigen Schwung hält solch ein Haken den Baum sicher zusammen, bis er aus dem Wald abtransportiert und zersägt wird. So können keine Risse entstehen, und das Holz behält seinen Wert. In gerbsäurehaltigen Hölzern wie Eiche sorgen die Haken allerdings für Verfärbungen und sollten nicht verwendet werden. Für solche Bäume gibt es mittlerweile S-Haken aus Kunststoff.

31.

Die 1961 erstmals ausgestrahlte ARD-»Sportschau« …?

A: wurde mit einem Vorlauf von einem Monat aufgezeichnet

B: war für die Kabelhilfe Frank Elstner der Berufseinstieg

C: berichtete in den ersten acht Wochen nicht über Fußball

C: berichtete in den ersten acht Wochen nicht über Fußball

Am 4. Juni 1961 wurde die ARD-»Sportschau«, bis heute dienstälteste Sportsendung des deutschen Fernsehens, zum ersten Mal ausgestrahlt. Und zwar zunächst auf ARD 2, denn das »Erste« gab es damals zweimal: Zwischen 1961 und 1963 wurde ARD 2 auf jenen Frequenzen ausgestrahlt, die anschließend an das ZDF fielen. An besagtem Juni-Sonntagabend um 21.45 Uhr moderierte Ernst Huberty die erste »Sportschau« in Schwarz-Weiß. Es gab kurze Filmbeiträge über Handball, Rudern, Rhönradfahren, Sandbahn- und Radrennen. Und Fußball? Fehlanzeige!

Zum einen hatten die Kicker im Juni Sommerpause, zum anderen sollte es noch zwei Jahre dauern, ehe die attraktive Bundesliga ihren Spielbetrieb aufnahm. Acht Wochen nach Sendebeginn wurden mit dem Pokalspiel Tasmania Berlin gegen Altona 93 (Endergebnis: 4 : 1) erstmals ein paar Minuten »Sportschau«-Fußball in den deutschen Wohnzimmern gezeigt. Kurz zuvor hatte die Sendung von ARD 2 ins »richtige« Erste umziehen dürfen. Die nächste Kuriosität: Sogar erst 1965 gestattete der Deutsche Fußball-Bund überhaupt bewegte Bilder aus der Bundesliga, und dann auch nur von drei Spielen – ironischerweise erstmals am 1. April. Man war seinerzeit noch der Ansicht, Fußball im Fernsehen würde die Zuschauer aus den Stadien fernhalten. Ein ziemlicher Irrtum, wie wir heute wissen.

32.

Welchen Vorteil bietet die Zubereitung von Kohlrouladen mit Spitzkohl- anstelle von Weißkohlblättern?

A: Der Spitzkohl ist magenverträglicher.

B: Beim Aufwärmen geht weniger Aroma verloren.

C: Junge Blätter müssen nicht vorgekocht werden.

C: Junge Blätter müssen nicht vorgekocht werden.

Eigentlich gehört er ebenfalls zur Weißkohl-Familie, aber der Spitzkohl ist eben besonders zart und bekömmlich. Anders als der runde Weißkohl hat er eine spitze, kegelartige Form, daher sein Name. Weil er so zart ist und ein leicht süßliches Aroma besitzt, lässt sich Spitzkohl ohne vorheriges Kochen oder Dünsten verzehren und ist deshalb gut für Rohkostsalate geeignet. Aber auch für herkömmliche Gerichte der deutschen Hausmannskost wie etwa Kohlrouladen bietet er sich an. Er stellt hier eine echte Alternative zum Weißkohl dar.

Für Kohlrouladen werden die Spitzkohlblätter vorsichtig vom Strunk geschnitten und die dickeren Blattrippen entfernt. Anders als beim Weißkohl müssen die jungen, inneren Blätter hier nicht vorgekocht werden. Sie sind so weich, dass sie sich gut füllen lassen und beim Aufwickeln nicht brechen. Folglich spart man sich sogar Arbeit, wenn man für Kohlrouladen zu Spitzkohl greift. Geerntet wird dieser Kohl hierzulande bereits Mitte bis Ende April. In den Läden ist er aber als Importware das ganze Jahr über erhältlich.

33.

Johann Ohneland besaß als erster König Englands einen »supertunicam ad surgendum de nocte«, nämlich einen …?

A: Nachttopf

B: Morgenmantel

C: Walnussbaum

B: Morgenmantel

Vor rund 800 Jahren gehörten das Königreich England und der Westen Frankreichs politisch noch zusammen. Der Monarch, unter dessen Herrschaft der französische Teil aus diesem Gesamtreich zum großen Teil herausbrach, war Johann Ohneland – der eben deshalb auch diesen Beinamen trägt. Er bestieg den englischen Thron nach dem Tod seines älteren Bruders Richard Löwenherz. Dieser war 1199 bei der Belagerung einer französischen Burg gestorben. Johann Ohneland wiederum verlor nicht nur umfangreiche Gebiete in Frankreich. 1215, ein Jahr vor seinem eigenen Tod, musste er überdies noch dem revoltierenden englischen Adel in der berühmten »Magna Charta« viele politische Freiheiten garantieren.

Was nach einem politisch wenig erfolgreichen Leben aussieht, war aber zumindest mit einer Annehmlichkeit gesegnet: Wenn Johann Ohneland, der Komfort und üppige Feiern liebte, des Nachts einmal rausmusste, so besaß er für diesen Zweck einen Morgenmantel. Genauer: einen »Mantel zum Aufstehen in der Nacht«, lateinisch »supertunicam ad surgendum de nocte«. So überliefern es zumindest historische Quellen.

34.

Wobei lag in Deutschland 2021 beim Verkauf der Anteil im Verhältnis 10 zu 90 Prozent?

A: Bio-Geflügelfleisch zu herkömmlichem Geflügelfleisch

B: loser Tee zu Tee in Beuteln bei Kräuter- und Früchtetees

C: Toastbrot zu anderen Brotsorten

B: loser Tee zu Tee in Beuteln bei Kräuter- und Früchtetees

Natürlich lag es an Corona: Im Jahr 2021 haben die Deutschen laut dem Deutschen Tee- und Kräutertee-Verband pro Person rund 71,5 Liter Tee getrunken – so viel wie nie zuvor. Man blieb eben mangels Alternativen zu Hause, wartete das Ende der Pandemie ab und trank Tee. 28,8 Liter entfielen dabei auf Schwarz- und Grüntee und 42,7 Liter auf Kräuter- und Früchtetee.

Und wie sah es mit der Darreichungsform aus? Da kam es auf die Sorte an. Bei Schwarz- und Grüntee bevorzugten die Teefans den losen Tee: 55 Prozent der Teemenge wurden lose verkauft. Anders war das bei Kräuter- und Früchtetees. Hier wurden 90 Prozent in Beuteln verkauft – und lediglich 10 Prozent als loser Tee. Wie der Tee-Verband weiter berichtet, gehörte Tee während der Pandemie übrigens nicht zu den Hamsterwaren. Der gestiegene Verbrauch in den eigenen vier Wänden glich für die Hersteller aber locker aus, dass in der Gastronomie coronabedingt Teeflaute herrschte. Und nach wie vor sind laut Verband die Ostfriesen mit ihrer Vorliebe für schwarzen Tee die »Weltmeister« im Teetrinken – weit vor den großen Teenationen wie Großbritannien oder Irland.

35.

Was inspirierte den Italiener Alfonso Bialetti 1933 bei der Erfindung des Espressokochers für zu Hause?

A: Vorläufer der Waschmaschine

B: elektrischer Haartrockner

C: Kohle-Bügeleisen

A: Vorläufer der Waschmaschine

Manches braucht einfach Druck. Espresso zum Beispiel: Professionelle Maschinen, die mittlerweile in viele Privathaushalte eingezogen sind, brühen ihn mittels Hebeln oder elektrischen Pumpen. Eine andere Technik verbirgt sich in dem klassischen Espressokocher, den der italienische Ingenieur Alfonso Bialetti 1933 erfunden hat: Hier wird die Temperatur von Herdplatten genutzt, um Dampfdruck zu erzeugen. Der Kocher wird auf die Herdplatte gestellt, das Wasser im unteren Teil erhitzt sich und steigt auf – durch das Kaffeepulver hindurch, das sich in einem Behälter darüber befindet. Bialetti ließ sich für seine Konstruktion von den Waschmaschinen inspirieren, die in seiner piemontesischen Heimat von Hand betrieben wurden. Hier stieg kochendes Wasser in den darüber befindlichen Wäschebehälter auf.

Der Ingenieur vertrieb seine Erfindung, die er »Moka Express« nannte, hauptsächlich auf Wochenmärkten. Erst sein Sohn Renato Bialetti meldete dafür ein Patent an, womit die Erfolgsgeschichte begann. Zwei Einschränkungen sind aber wichtig: Bialettis Kanne produziert keinen echten Espresso – dafür ist der Druck nicht stark genug, was man an der fehlenden Crema sieht. In Italien heißt sie denn auch schlicht »Caffettiera« – »Kaffeekanne«. Und: Das Original aus Aluminium funktioniert nicht auf modernen Induktionsherden. Hierfür gibt es mittlerweile Varianten etwa aus Edelstahl.

36.

Zwischen »Nonlock«, »Autolock« und »Pinlock« wird unterschieden beim …?

A: Fahren mit Aufzügen

B: Öffnen von Reißverschlüssen

C: Abstellen von Miet-E-Rollern

B: Öffnen von Reißverschlüssen

Klein, aber oho: Der Schieber, jenes kleine Ding, mit dem man Reißverschlüsse auf- und zuzieht, ist wichtiger, als es scheint. Denn nach unten geklappt, verhindert er, dass der Verschluss sich wieder öffnet. Dabei gibt es gleich mehrere Techniken. Beim Pinlock wird der Verschluss mit Zacken oder kleinen Stiften (englisch »pin«) an der Unterseite des Schiebers gesichert. Sie drücken sich in die Reißverschlusskette – aber nur dann, wenn der Schieber wirklich heruntergeklappt ist. Weil sie somit nicht sehr sicher ist, kommt diese Technik heute oft nur noch bei Heimtextilien zum Einsatz und wenn ein Stoffstreifen den Reißverschluss überlappt.

Bei der Autolock-Technik besitzt der Schieber innen einen Dorn. Eine kleine Blattfeder drückt diesen zwischen die Zähne des Reißverschlusses. So entsteht eine automatische Bremse, denn der Dorn löst sich nur, wenn am Schieber gezogen wird. Dies ist die bevorzugte Technik für Reißverschlüsse an Kleidungsstücken und Schuhen. Und schließlich gibt es Schieber, die frei laufend sind, also gar nicht sperren (Nonlocks). Diese Reißverschlüsse lassen sich auch öffnen, indem die Hälften auseinandergezogen werden. Manchmal ist das ja sogar erwünscht, etwa bei Taschen, Zelten oder Koffern.

37.

Was wird in der Meeresbiologie als »Whale Fall« bezeichnet?

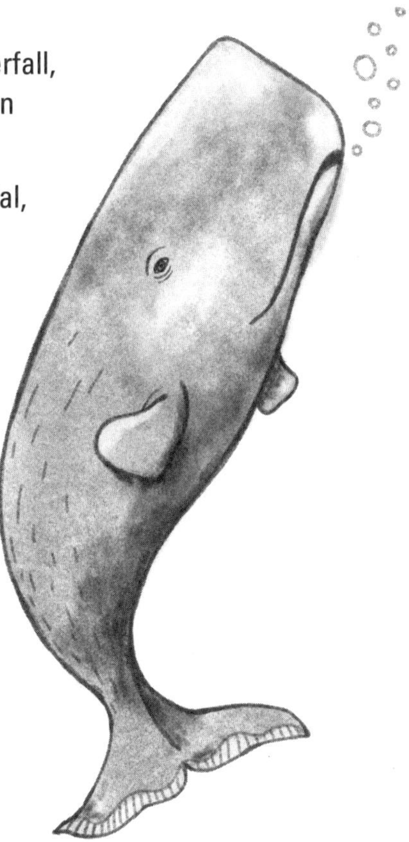

A: Unterwasser-Wasserfall, der mindestens einen Kilometer tief ist

B: toter, gesunkener Wal, um den ein lokales Ökosystem entsteht

C: Plankton, das sich im australischen Herbst bunt färbt

B: toter, gesunkener Wal, um den ein lokales Ökosystem entsteht

Wer gerne im Wald spazieren geht, kennt das Phänomen: Tote Bäume und auch Baumstümpfe entwickeln sich zur Heimat für andere Pflanzen, für Insekten und Pilze. Im Meer übernehmen tote Wale die Rolle, die Totholz im Wald einnimmt: Die riesigen Kadaver werden zum wichtigen Lebensraum für andere Arten. Wale sind bekanntlich die größten Säugetiere der Erde. Spitzenreiter unter ihnen sind die Blauwale, die über 30 Meter lang und bis zu 200 Tonnen schwer werden können. Stirbt ein Wal auf offener See und sinkt zum Meeresgrund, dann bildet sich um seine Überreste ein lokales Ökosystem.

Die Forschung kennt mittlerweile mehr als 400 Arten, für die ein Walleichnam die unverzichtbare Lebensgrundlage ist: Bakterien, Würmer, Muscheln und Aale zum Beispiel. Sie alle können über Jahre von dem gesunkenen Meeresriesen zehren. In der Meeresbiologie wird das Phänomen als »Whale Fall« bezeichnet. Doch was tun, wenn ein Wal nicht auf offener See stirbt, sondern nachdem er irgendwo gestrandet ist? Mancherorts übernehmen Meeresbiologen oder -biologinnen den Job und transportieren den Kadaver zurück ins Meer, um ihn an tiefen Stellen zu versenken. Das ist in jedem Fall sinnvoller, als das tote Tier zu vergraben oder anderweitig an Land zu entsorgen.

38.

Der US-Autor Maurice Sendak wollte seinen Kinderbuch-Klassiker eigentlich »Wo die wilden Pferde wohnen« nennen, jedoch ...?

A: konnte sein Sohn das englische Wort »horses« nicht aussprechen

B: stellte er fest, dass er keine Pferde zeichnen konnte

C: fiel er bei seiner ersten Reitstunde zwölfmal vom Pferd

B: stellte er fest, dass er keine Pferde zeichnen konnte

Der New Yorker Kinderbuchautor, Illustrator und Bühnenmaler Maurice Sendak (1928–2012) hat in seinem langen Künstlerleben an rund hundert Büchern mitgewirkt. Sein berühmtestes, »Where the Wild Things Are«, zu Deutsch »Wo die wilden Kerle wohnen«, erschien 1963. In dem mehr als 19 Millionen Mal verkauften Buch sollte es ursprünglich um den kleinen Max gehen, der sich nach einem Wutanfall ins Land der wilden Pferde begibt. Zunächst sollte das Buch daher auch den Titel »Wo die wilden Pferde wohnen« bekommen. Nun wollte Sendak das Buch aber auch selbst illustrieren. Leider stellte er fest, dass er keine Pferde zeichnen konnte. Von seiner Verlegerin gefragt, was er denn zeichnen könne, antwortete er mit »Things«, zu Deutsch: »Dinge« – was ihn zum späteren Titel inspirierte. Deshalb ersetzte er die Pferde schließlich durch Fantasiewesen.

Zunächst erhielten die »Wilden Kerle« negative Kritiken, doch bald stellte sich heraus, wie sehr sich die Kinder mit der Geschichte identifizieren konnten. Sendak nannte den kleinen Helden später seine tapferste und liebste Schöpfung. Kein Wunder, dass aus dem Stoff sowohl eine Oper als auch ein Kinofilm wurden. Mit seiner Art zu schreiben und zu zeichnen revolutionierte Sendak die Kinderliteratur. Als er im Jahr 2003 den Astrid-Lindgren-Gedächtnispreis erhielt, urteilte die Jury unter anderem: »... und er ist einer der mutigsten Erforscher der geheimsten Winkel der Kindheit – zur Freude immer neuer Leser«.

39.

Eine Porträtstudie des neu gewählten US-Präsidenten Ronald Reagan wurde 1980 unterbrochen, weil …?

A: Ronald Reagan während der Sitzung 37-mal telefonierte

B: Nancy Reagan ständig hereinkam und seine Frisur korrigierte

C: Ronald Reagan während des Treffens einschlief

C: Ronald Reagan während des Treffens einschlief

Ein waschechter Cowboy mit wettergegerbtem Gesicht, jeansblau gekleidet, eine Silberschnalle am Gürtel, die Hände locker in den Gesäßtaschen vergraben und den Blick versonnen ins Weite gerichtet. So hat der US-amerikanische Maler Aaron Shikler im Jahr 1980 Ronald Reagan für das Cover des »Time Magazine« porträtiert. Reagan war soeben zum 40. Präsidenten der USA gewählt worden und für das »Time Magazine« folglich »Man of the Year«.

Shikler, der zuvor auch schon John und Jackie Kennedy in Öl verewigt hatte, traf sich zunächst mit Reagan und dessen Assistenten für eine Porträtstudie. Doch dann geschah etwas Unerwartetes: War es, weil Reagan einen anstrengenden Wahlkampf hinter sich hatte, oder gab es andere Gründe? Jedenfalls kam es zu einer ungeplanten Unterbrechung, als sowohl der 69-jährige Politiker als auch sein Assistent einnickten. Um sie zu wecken, schob Shikler seinen Stuhl hörbar über den Boden. Reagan erwachte und erhob sich in die beschriebene Pose, die der Künstler sogleich festhielt. Shikler malte auch Nancy Reagan für ein »Time«-Cover. Jahre später schuf er außerdem offizielle Porträts von Ronald Reagan und seiner Frau.

40.

Wer in einem deutschen See Armleuchteralgen erblickt, kann davon ausgehen, dass ...?

A: Fische eher an der Wasseroberfläche schwimmen

B: besonders viele Enten im Seegebiet brüten

C: der See wenig Stickstoff und Phosphor enthält und sehr gesund ist

C: der See wenig Stickstoff und Phosphor enthält und sehr gesund ist

Sie wachsen am Grund von Seen und können hier bei guten Bedingungen einen regelrechten Rasen bilden: die Armleuchteralgen. Aus Urzeiten stammend, sehen sie aus wie höher entwickelte Pflanzen, obgleich sie mit diesen nicht verwandt sind. »Characeae«, so ihre lateinische Bezeichnung, erkennt man daran, dass auf ihren Seitentrieben die Geschlechtsorgane wie die Lichter eines Kerzenleuchters angeordnet sind. Daher rührt auch ihr deutscher Name. Die geschlechtliche Vermehrung dieser Algen erfolgt, indem die gereiften männlichen Sexualorgane Geschlechtszellen freisetzen, die dann zu den weiblichen Organen schwimmen. Diese wiederum befinden sich entweder auf derselben oder auf einer benachbarten Alge.

Wer in deutschen Seen von Armleuchteralgen gestreift wird, kann sicher sein, in sauberem Wasser zu schwimmen. Denn die Algen wachsen auf dem Grund von klaren Seen und benötigen nährstoffarme Bedingungen. Somit sind Armleuchteralgen ein Zeichen dafür, dass sich nur wenig Stickstoff und Phosphor im Wasser befinden. Und das bedeutet wiederum, dass der See nicht eutrophieren, also nicht »umkippen« kann. Fast alle Armleuchteralgen-Arten stehen auf der Roten Liste für gefährdete Arten.

41.

Bei den Dreharbeiten zum Film »Thor: Love and Thunder« verzichtete Hauptdarsteller Chris Hemsworth für …?

A: den Filmkuss mit Natalie Portman
auf seine übliche Fleischmahlzeit

B: die Kampfszene mit Christian Bale
eine Woche lang aufs Duschen

C: sein Stuntdouble
auf das Färben
seiner Haare

A: den Filmkuss mit Natalie Portman auf seine übliche Fleischmahlzeit

Wie romantisch! Im Film »Thor: Love and Thunder«, der 2022 in die deutschen Kinos kam, begegnen sich die einstigen Liebenden wieder: Thor alias Chris Hemsworth und Dr. Jane Foster alias Natalie Portman. Wie es ausgeht mit den beiden Figuren in der Science-Fiction-Action-Komödie aus dem Marvel-Universum, das sei hier nicht verraten. Immerhin haben die zwei schon eine längere Beziehungsgeschichte hinter sich, seit sie im Jahr 2011 in »Thor« das Licht der Leinwand erblickten. Aber hinter den Kulissen spielte sich etwas wirklich Anrührendes ab: Für einen Filmkuss mit Natalie Portman verkniff sich Chris Hemsworth seine übliche Fleischmahlzeit. Das verriet Portman in einer britischen Radioshow aus Anlass der Filmpremiere.

Sport und viel, viel Fleisch, das ist Hemsworths Fitness- und Diätprogramm, mit dem der Australier seinen Thor-Body in Form hält. Portman hingegen ist schon fast ihr ganzes Leben lang Vegetarierin und inzwischen sogar Veganerin. Trotzdem mochte die israelisch-US-amerikanische Schauspielerin ihrem Kollegen vor dem Filmkuss in Sachen Essen nichts vorschreiben. Doch er nahm von sich aus Rücksicht und verzichtete an dem betreffenden Drehtag. Das macht ihn nur noch mehr zum Frauenschwarm: Stark und nett – wo gibt's denn so was?

42.

1951 entdeckte der Meteorologe Lewis Fry Richardson, dass die Grenze zwischen Spanien und Portugal …?

A: die einzige Ländergrenze ist,
die sich bei starkem Regen verschiebt

B: optisch fast genau dem Verlauf des
Marianengrabens entspricht

C: sich je nach Textquelle in ihrer Länge
um bis zu 227 km unterscheidet

C: sich je nach Textquelle in ihrer Länge um bis zu 227 km unterscheidet

Im Jahr 1297 legten die Könige von Spanien und Portugal vertraglich fest, wo die Grenze zwischen ihren beiden Ländern verlaufen sollte. Bis heute hat sich der Verlauf dieser Landesgrenze nicht geändert, die damit die älteste in Europa ist. Sie gehört auch zu den längsten durchgängigen Landesgrenzen in der EU. Und das, obwohl niemand genau sagen kann, wie lang sie nun wirklich ist.

Dem britischen Meteorologen Lewis Richardson fiel das als Erstem auf. Als er 1951 die Grenze untersuchte, stieß er in portugiesischen Texten auf eine Längenangabe von 1214 Kilometern. Spanische Texte sprachen allerdings von nur 987 Kilometern. 227 Kilometer Unterschied – das ist nicht wenig! Hatte da jemand heimlich die Grenze verschoben? Von Streitigkeiten war nichts bekannt. Erklären lässt sich das Phänomen so: Bei Grenzen und Küstenlinien hängt das Messergebnis immer vom Maßstab der Messung ab, der angelegt wird. Je kleiner er ist, desto feiner kann gemessen werden und desto mehr können also auch kleinste Buchten berücksichtigt werden. Das Phänomen wird »Küstenlinien-Paradoxon« genannt. Die Erklärung durch Richardson wurde aber erst so richtig bekannt, als dessen Kollege Benoît Mandelbrot sie in den 1960er-Jahren wieder aufgriff und vertiefte.

TYPISCH DEUTSCH

Die Esel-Ampel in Wesel wurde lange nicht genehmigt, da laut Richtlinie für Leuchtsignalanlagen …?

A: Ampelsymbole nicht zu großflächig sein dürfen

B: nur Ampelmännchen mit zwei Beinen erlaubt sind

C: kein blaues Licht gestattet ist

B: nur Ampelmännchen mit zwei Beinen erlaubt sind

Das alte Echospiel kennt vermutlich jeder Mensch: »Wie heißt der Bürgermeister von Wesel?« – »Esel!!!«. Statt sich über diesen Scherz zu ärgern, hat die alte Hansestadt am Niederrhein das Grautier längst zum Werbeträger erkoren. An vielen Stellen im Ort blicken einen lebensgroße bunte Eselfiguren mit großen Kulleraugen an. Es gibt auch Plüschesel oder Schlüsselanhänger, und jedes Jahr im Karneval wird der Eselorden verliehen. Mehrere Jahre lang hat man sich auch darum bemüht, ein Eselchen als Symbol auf der Fußgängerampel zu bekommen. Doch lange Zeit hat der Amtsschimmel den Kopf geschüttelt, weil die Richtlinie für Lichtsignalanlagen lediglich aufrecht gehende Zweibeiner, aber keine Vierbeiner – und erst recht keine Esel – vorsieht.

Im Dezember 2019 bekam die Stadt schließlich doch eine Erlaubnis von der zuständigen Bezirksregierung Düsseldorf. Weil die findigen Weseler keine Esel sind, sieht die Lösung folgendermaßen aus: Die Esel-Ampel ist mit drei Lichtzeichen ausgestattet. Oben sehen Wartende ein stehendes rotes Männchen, darunter ein laufendes grünes Männchen und unter diesem einen grünen gehenden Vierbeiner. Die Idee eines aufrecht gehenden Esels statt des Männchens wurde übrigens verworfen.

Wesel ist übrigens nicht die einzige Stadt in Deutschland mit besonderen Ampelfiguren. Beispielsweise leuchten in Mainz Mainzelmännchen, in Duisburg Bergmänner und in Bergkamen alte Römer. Aber die gehen sowieso alle aufrecht.

43.

Cashewkerne ...?

A: hängen in ihrer Schale als Auswuchs am Cashewapfel

B: sollten nicht zu Hause geröstet werden

C: sind sowohl mit der Walnuss als auch der Erdnuss verwandt

A: hängen in ihrer Schale als Auswuchs am Cashewapfel

Auch wenn sie in puncto Nährstoffe oft mit jenen verglichen werden: Cashewkerne sind keine Nüsse. Cashews können deshalb auch nicht mit der Walnuss und der Erdnuss verwandt sein. Am ehesten sind sie, als Steinfrucht und Schalenobst, mit Mangos und Pistazien verwandt. Der immergrüne Kaschubaum (auch Cashewbaum), der in Brasilien beheimatet ist, bildet an seinen Ästen gleich zwei Dinge aus, die zu ernten sich lohnt: zunächst einen birnenförmigen, fleischigen Fruchtstiel, der als Cashewapfel bezeichnet wird. Obgleich keine echte Frucht, sondern eine Scheinfrucht, ist der Cashewapfel essbar. An seinem unteren Ende dann findet sich ein nierenförmiger, holziger Auswuchs – »Elefantenlaus« genannt, weil er so klein an dem großen Apfel hängt. Er enthält den zwei bis drei Zentimeter großen, nierenförmigen Cashewkern.

Die Indios verzehrten hauptsächlich den Cashewapfel, da der Kern schwer zugänglich ist. Dessen Schale, die durch Rösten entfernt wird, enthält ein giftiges Öl, das heute in Industrie und Medizin genutzt wird. Der Cashewapfel wiederum ist leicht verderblich und wird deshalb hauptsächlich vor Ort verarbeitet, etwa zu Marmelade. Cashewbäume werden heutzutage vor allem in Afrika und Asien angebaut.

44.

Der seltene Edelstein Alexandrit ist …?

A: bei Tageslicht grün bis bläulich, bei künstlichem Licht intensiv rot

B: nur im Geburtsort Alexanders des Großen zu finden

C: der einzige Edelstein, der nicht in Karat gemessen wird

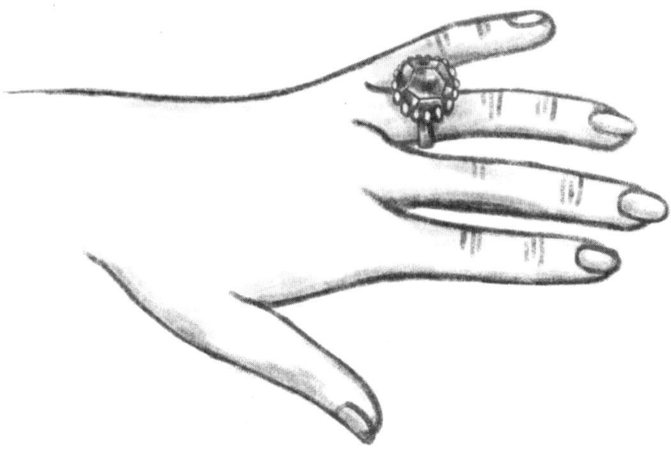

A: bei Tageslicht grün bis bläulich, bei künstlichem Licht intensiv rot

Ein berühmter Alexander war Namenspate des Edelsteins Alexandrit. Allerdings nicht Alexander der Große, legendärer Herrscher in der Antike, sondern Zar Alexander II., der 1818 geboren wurde und Russland von 1855 bis 1881 regierte. Als er volljährig wurde, benannte der russische Staatsmann und Mineraloge Lew A. Perowski den kurz zuvor erforschten Stein zu seinen Ehren. Aber warum? Weil die Farben der damaligen russischen Armee Grün und Rot waren. Genau in diesen Farben schimmert nämlich auch der Stein.

Der Alexandrit, eine sehr seltene Spielart des wiederum seltenen Chrysoberylls, enthält einen hohen Anteil an Chrom. Das führt dazu, dass seine Farbe je nach Licht changiert, also wechselt. Bei Tageslicht erscheint der Stein grün bis bläulich. Bei künstlichem Licht wandelt sich die Farbe zu einem intensiven Rot. Der Grund dafür: Der Alexandrit lässt Licht durch und absorbiert dabei in den unterschiedlichen Lichtwellenlängen unterschiedliche Anteile des Lichts. Tageslicht besitzt viel Grün, Glühlampen- oder Kerzenlicht hat einen hohen Anteil an Rot. Wegen seines Farbwechsels heißt der Alexandrit auch »Smaragd bei Tag und Rubin bei Nacht«. Und wenn andere Edelsteine die Farbe wechseln, so wird das ebenfalls Alexandrit-Effekt genannt.

45.

Laut neuesten Erkenntnissen ist bei Schulkindern die Wahrscheinlichkeit, übergewichtig zu werden, im Sommer höher, weil …?

A: ihr Körperwachstum im Sommer am geringsten ist

B: die erhöhte Vitamin-D-Aufnahme die Fettansammlung fördert

C: sie sich in den Sommermonaten kohlenhydrathaltiger ernähren

A: ihr Körperwachstum im Sommer am geringsten ist

Der Body-Mass-Index (BMI) ist eine bekannte Formel, mit der sich feststellen lässt, ob jemand normal-, unter- oder übergewichtig ist. Er errechnet sich, indem das Körpergewicht durch die hoch zwei genommene Körpergröße geteilt wird. Die Körpergröße wird also mit dem Gewicht in Beziehung gesetzt. Mit dem BMI arbeitete auch ein US-Forschungsteam der University of Houston in einer Studie von 2022. Es wertete darin die Daten einer neun Jahre zuvor abgeschlossenen Studie statistisch neu aus. 2013 war festgestellt worden, dass Schulkinder im Sommer weniger schnell wachsen, dass ihre Gewichtszunahme aber das ganze Jahr über gleich bleibt.

Der BMI von Schulkindern steigt also immer im Sommer an – was bei Kindern, die ohnehin schon mehr Gewicht auf die Waage bringen, ungünstig ist. Woran aber liegt es, dass das Längenwachstum im Sommer auf Sparflamme läuft? Weniger Bewegung und schlechtere Ernährung in den Ferien sah man bislang als Gründe dafür an. Nun aber scheint eine andere Erklärung möglich: Während der Schulzeit müssen die Kinder früh aufstehen und sind deshalb – aber auch wegen der kürzeren Tage zwischen Herbst und Frühjahr – einem Wechsel zwischen Hell und Dunkel ausgesetzt. Das, so vermutet einer der Studienautoren, könnte ein Grund für das stärkere Längenwachstum in diesem Zeitraum sein.

46.

Warum spielte für die Fotoindustrie des 19. Jahrhunderts die Hühnerhaltung eine zunehmend wichtige Rolle?

A: Aus gemahlenen Federkielen wurde Blitzlichtpulver hergestellt.

B: Eiklar verlieh Fotopapier einen besonderen Glanz.

C: Durch getrockneten Hühnerkot verblassten Bilder langsamer.

B: Eiklar verlieh Fotopapier einen besonderen Glanz.

Er war Tuchhändler, Chemiker und leidenschaftlicher Hobbyfotograf: Louis Désiré Blanquart-Evrard, 1802 im nordfranzösischen Lille geboren, brachte mit Mitte 40 eine entscheidende Neuerung in die Kunst der Fotografie: Er strich die lichtempfindlichen Substanzen nicht mehr auf das Fotopapier auf, sondern ließ dieses auf ihnen schwimmen. Das ergab gleichmäßigere und bessere Abzüge. Der Coup gelang ihm jedoch, als er 1850 eines der berühmtesten Fotografieverfahren des 19. Jahrhunderts erfand. Bei der Entwicklung des sogenannten Albumin-Verfahrens verband der Franzose seine Kenntnisse als Fotograf, als Chemiker und als Fachmann für Textilien.

Albumin ist Eiweiß – in diesem Fall: Eiweiß aus dem Eiklar von Hühnereiern. Blanquart-Evrard hatte entdeckt, dass Fotopapier, das er zuvor mit einer Lösung aus Eiklar und Chlorsalzen bestrichen hatte, später wesentlich glänzendere und detailreichere Bilder lieferte. Albuminpapier ließ sich industriell herstellen, das Verfahren ermöglichte bis zu 300 Kopien pro Tag und Negativ. Entsprechend viel Hühnereiweiß wurde benötigt. Blanquart-Evrard gründete selbst eine Kopierwerkstatt und gab Fotobände heraus. Später setzten sich andere, preiswertere Verfahren durch. Bis heute jedoch sind Fotos, die nach dem Albumin-Verfahren hergestellt wurden, von unübertroffener Schönheit.

47.

Womit rettete die Deutsche Gesellschaft zur Rettung Schiffbrüchiger zwischen 1865 und 1915 rund 600 Menschen das Leben?

A: Heißluftballon und Strickleiter mit perforierten Gummistiefeln

B: Fischkutter und Fangnetz mit schwimmenden Hohlkugeln

C: Raketenapparat und Rettungsring mit Hosenbeinen

C: Raketenapparat und Rettungsring mit Hosenbeinen

»Gott segne den Strand«, so lautet ein häufiges Sonntagsgebet in Ostfriesland. Denn das angeschwemmte Strandgut von havarierten Schiffen war ein willkommenes Zubrot zum kargen Verdienst mit Fischfang oder Landwirtschaft. 1860 dann wollten einige engagierte Personen nicht länger mit ansehen, dass Seeleute ertranken, weil die Habgier an Land ihre Rettung verhinderte. Entlang der Nord- und Ostseeküste gründeten sich Rettungsgesellschaften, die sich 1865 zur Deutschen Gesellschaft zur Rettung Schiffbrüchiger (DGzRS) zusammenschlossen.

Von Anfang an setzte die DGzRS ein System ein, mit dem Schiffbrüchige statt per Schiff auch von Land aus geborgen werden konnten. Dafür wurde zunächst mithilfe eines Raketenapparats ein Tau auf das havarierte Schiff geschossen und dort befestigt – 1868 bereits über eine Distanz von bis zu 500 Metern. So entstand eine Seilbahn, über die sodann ein Rettungsring mit angenähten Hosenbeinen hinübergezogen wurde. In dieser »Hosenboje« konnte immer nur eine Person sitzen – dank der Hosenbeine aber perfekt gesichert. Oder eine Rettungskraft saß darin und hielt die zu rettende Person fest umklammert. Mit dieser Ladung wurde die Boje dann zum Land zurückgezogen. Auf diese Weise konnte zwischen 1865 und 1915 rund 600 Schiffbrüchigen das Leben gerettet werden. »Hosenbojen« sind noch heute im Einsatz.

48.

Über hundert Jahre, bevor sie in den USA populär wurden, ...?

A: verteilte Edgar Allan Poe Visitenkarten mit seiner Adresse

B: ließ Thomas Jefferson Pommes frites servieren

C: schloss Mark Twain seine Schuhe mit Klettverschluss

B: ließ Thomas Jefferson Pommes frites servieren

Manche Trends verbreiten sich über Umwege. Die Kartoffel etwa: Im 16. Jahrhundert entdeckten spanische Eroberer das nahrhafte Lebensmittel im heutigen Kolumbien und brachten es in die Alte Welt mit. Hier wurden irgendwann die Pommes frites daraus. Wo genau diese erfunden wurden – in Belgien oder Frankreich –, lässt sich nicht abschließend klären. Zumal nicht nur die heute beliebten Stäbchen, sondern auch frittierte Kartoffelscheiben seinerzeit so genannt wurden. Fest steht aber, dass die Pommes frites Ende des 18. Jahrhunderts einen US-Amerikaner begeisterten: Thomas Jefferson, einen der Gründerväter der Vereinigten Staaten!

Gemeinsam mit Benjamin Franklin war Thomas Jefferson ab 1784 Diplomat in Paris. Hier ließ er sich auch von der französischen Küche inspirieren. Die »Pommes de terre frites« gefielen ihm so gut, dass er das Rezept mit über den Atlantik nahm, als er 1789 in die Heimat zurückkehrte. Im Jahr 1802 ließ er, mittlerweile dritter Präsident der USA, »roh frittierte Kartoffeln in kleinen Stücken« bei Empfängen im Weißen Haus servieren. Der Koch hieß Honoré Julien und war – ein Franzose! Bei der breiten Bevölkerung beliebt wurden die Pommes aber erst 100 Jahre später, nach dem Ersten Weltkrieg: Da hatten belgische Truppen die amerikanischen Soldaten mit dem Kartoffelgericht bekannt gemacht.

49.

Der berühmte tschechoslowakische Eishockey-Nationalspieler und Weltmeister Jaroslav Drobný ...?

A: gewann sieben Jahre nach der Eishockey-WM das Wimbledon-Turnier

B: stand 1952 gemeinsam mit seinem Vater und Großvater im Finale

C: ist der Sohn von Béla Réthy und der Neffe von Karel Gott

A: gewann sieben Jahre nach der Eishockey-WM das Wimbledon-Turnier

Es gibt Multitalente, die in unterschiedlichsten Sportarten erfolgreich sind. Aber Eishockey-Weltmeister und nahezu zeitgleich Gewinner zweier der bedeutendsten Tennisturniere der Welt zu werden – das gelang bisher nur einem: dem gebürtigen Prager Jaroslav Drobný (1921–2001). Im Jahr 1947 wurde Drobný mit der tschechoslowakischen Nationalmannschaft Eishockey-Weltmeister und 1948 Silbermedaillengewinner bei den Olympischen Spielen in St. Moritz. Parallel dazu spielte er ausgezeichnet Tennis und gewann ebenfalls 1948 bei den French Open von Paris im Doppel und im Mixed. Im Jahr darauf wurde er während eines Turniers in Gstaad, Schweiz, aufgefordert, umgehend in sein inzwischen kommunistisch gewordenes Heimatland zurückzukehren. Drobný weigerte sich und blieb im Westen, woraufhin er des Hochverrats bezichtigt wurde.

Er erhielt 1951 einen ägyptischen Pass und gewann in diesem und im Folgejahr den Einzeltitel bei den French Open. Als Krönung holte er sich 1954 den Sieg beim Rasenturnier von Wimbledon. Fünf weitere Male stand er bei diesen beiden Turnieren im Einzelfinale. 1959 nahm Drobný die britische Staatsbürgerschaft an und lebte fortan in London. Im Laufe seiner 15-jährigen Karriere gewann er mehr als 130 Einzeltitel. Dabei spielte er stets mit einer dunklen Brille, nachdem er sich früh bei einem Eishockeyspiel eine schwere Augenverletzung zugezogen hatte, die sein Sehvermögen stark beeinträchtigte.

50.

Urlaubsgäste in Venedig erhalten an einigen Orten Wasserpistolen, um damit …?

A: Kunstwerke auf Bürgersteigen und Plätzen sichtbar zu machen

B: aufdringliche Möwen in der Außengastronomie zu vertreiben

C: an Kanalbrücken aufgehängte Blumenkästen zu bewässern

B: aufdringliche Möwen in der Außengastronomie zu vertreiben

An den deutschen Meeresküsten wissen Badegäste ein Lied davon zu singen, wie die Möwen ihnen im Flug die Fischbrötchen aus der Hand reißen oder die Eiskugel aus der Waffel klauen. Und auch in Italien haben die aufdringlichen Seevögel den Tourismus als Nahrungsquelle entdeckt. In Venedig etwa lauern sie an den Außenbereichen der Restaurants und Hotels, die gedeckten Tische fest im Blick. Sobald ein unvorsichtiger Gast aufsteht, um etwas vom Büfett zu holen, stürzen sich die Möwen auf die bereits servierten Getränke und Vorspeisen – unbekümmert darum, dass Gläser und Teller zerbrechen und die Tischtücher fleckig werden. Viel Extraarbeit für die Bedienungen also, und manche Urlaubsgäste finden die Überfälle auch nicht nur lustig.

Mehrere Hotels in Venedig sind schließlich im Jahr 2022 dazu übergegangen, Wasserpistolen an ihre Gäste zu verteilen. Die Maßnahme zeitigt Erfolge: Wo die Wasserpistolen auf den Tischen liegen, halten sich die Möwen lieber fern. Das liegt Medienberichten zufolge an der Farbe der Pistolen: einem knalligen Orange. Offensichtlich können Möwen diese Farbe nicht leiden. Schon allein beim Anblick der Spielzeuge auf den Tischen im Außenbereich drehen sie wieder ab, und die Gäste können ihr Essen ungestört genießen. Sogar ohne vorher mit Wasser zu schießen.

51.

Laut einer Studie der Harvard University war bei allen untersuchten Gesprächen für mindestens einen der Gesprächsbeteiligten …?

A: die Frequenz des Blinzelns entscheidend für die Gesprächsbewertung

B: die Tonhöhe des Gegenübers unangenehm

C: eine Unterhaltung sieben Minuten zu früh oder zu spät zu Ende

C: eine Unterhaltung sieben Minuten zu früh oder zu spät zu Ende

Höflichkeit ist eine gute Sache. Doch sie kann Situationen auch komplizierter machen, weil die Beteiligten ihre Bedürfnisse verbergen. Bei Zweiergesprächen zum Beispiel: Wann sie enden sollen, das empfinden beide Seiten meist sehr unterschiedlich, teilen es ihrem Gegenüber aber nicht mit. Forschende der Harvard University wollten es im Jahr 2021 genauer wissen und haben 932 Menschen zu deren letztem Gespräch mit einem vertrauten Menschen interviewt. Die Befragten gaben im Durchschnitt an, die Gespräche hätten rund 14 Minuten gedauert. Ein Teil der Befragten sagte, sie hätten sich gern sieben Minuten länger unterhalten. Dem anderen Teil hatten die Gespräche genau sieben Minuten zu lang gedauert. Alle vermuteten außerdem, dass es ihrem jeweiligen Gegenüber ähnlich ergangen sei.

Aber war das wirklich so? In einem zweiten Experiment ließ das Forschungsteam rund 250 einander Fremde in Zweiergruppen miteinander plaudern. Diese Gespräche dauerten durchschnittlich 20 Minuten – und waren damit rund 7,5 Minuten zu kurz oder zu lang für die Beteiligten. Fast die Hälfte aller Gespräche endete sogar erst, als beide Seiten das Gefühl hatten, sie redeten schon zu lang. Wir sind eben sehr vorsichtig, wollen unser Gegenüber nicht kränken und verstecken daher unsere wahren Wünsche gern. Erst spät ringen wir uns Sätze wie diesen ab: »Jetzt muss ich aber los!«

52.

Die häufig als verträglicher beworbene »A2-Milch« …?

A: ist auch für vegan lebende Menschen geeignet

B: sollte nur kalt und nicht aufgewärmt verzehrt werden

C: unterscheidet sich im Laktosegehalt nicht von herkömmlicher Milch

C: unterscheidet sich im Laktosegehalt nicht von herkömmlicher Milch

Die Milch hat ein Imageproblem. Genauer: die Kuhmilch. Vom gesunden Nahrungsmittel hat sie sich aus der Sicht vieler in ein unverträgliches verwandelt. Wer diese Theorie vertritt, empfiehlt dann gern pflanzliche Alternativen. Die Meinungen darüber, was nun besser ist, gehen auseinander. Doch auch innerhalb der Kuhmilch-Fraktion gibt es noch Untergruppen. Manche schwören neuerdings auf die sogenannte A2- oder Urmilch. Bei ihr ist das Milcheiweiß Beta-Kasein anders zusammengesetzt als bei der herkömmlichen A1-Kuhmilch. Wo dort die Aminosäure Histidin sitzt, befindet sich bei der A2-Milch die Aminosäure Prolin.

A1 und A2 – das bezieht sich auf den Gentyp der jeweiligen Kuh. A2 ist das ältere Erbgut, A1 ist durch Zucht entstanden. Es gibt heute A1/A1-Typen, A2/A2-Typen und Mischformen. Etliche Rinderrassen in Europa produzieren eine Mischung aus A1- und A2-Milch. Viel A2-Milch geben Jersey- und Guernsey-Kühe, Brown-Swiss-Kühe und ein Teil des Simmentaler Fleckviehs. Fest steht aber: Jede Kuhmilch, auch die Urmilch, enthält von Natur aus Laktose. Und die ist nun mal für Menschen mit einer Milchzuckerunverträglichkeit problematisch. Eine bessere Verträglichkeit der Urmilch für Menschen mit Laktoseintoleranz ist wissenschaftlich nicht belegbar.

53.

Für ein militärisches Geheimprojekt versuchte die britische Marine in den 1940er-Jahren …?

A: ein Schiff aus Sägemehl und Eis zu bauen

B: mit aufblasbaren Pinguinen die Vorräte vor Mäusen zu schützen

C: U-Boote mit Whiskey anzutreiben

A: ein Schiff aus Sägemehl und Eis zu bauen

»Schaut her, denn ich will etwas Unglaubliches tun!« Ungefähr so spricht Gott im Alten Testament im Buch des Propheten Habakuk. Etwas Unglaubliches hatten auch die Briten im Sinn, als sie 1942, mitten im Zweiten Weltkrieg, planten, ein Schiff aus Eis und Sägemehl zu bauen. »Ich messe der unmittelbaren Prüfung dieser Ideen größte Wichtigkeit bei«, notierte Premierminister Winston Churchill in seinem Tagebuch. Das militärische Geheimprojekt hieß Habakuk – wegen der Unglaublichkeit des Ganzen. Durch einen Schreibfehler wurde dann allerdings Habakkuk daraus. Und das Projekt starb letztlich, bevor es verwirklicht wurde. Es war mit geschätzten 70 Millionen Dollar Baukosten einfach zu teuer.

Dabei schien die Idee bestechend: einen riesigen Flugzeugträger aus Pykrete zu bauen, einem Gemisch aus 86 Prozent Eis und 14 Prozent Sägemehl. Pykrete ist so fest wie herkömmlicher Beton und wegen seiner geringen Dichte praktisch unsinkbar. Es schmilzt sehr langsam und wäre durch riesige Kühlanlagen im Schiffsinneren geschützt gewesen. Der Flugzeugträger hätte mitten auf dem Atlantik stationiert werden sollen, um alliierte Schiffe gegen deutsche U-Boote zu sichern. Im Sommer 1943 fanden in Kanada tatsächlich Experimente mit einem Prototyp statt. Doch dann gestattete Portugal den Alliierten, eine Luftwaffenbasis auf den Azoren anzulegen – und Habakkuk wurde eingestellt.

54.

Was wird mit der Kunst des Soufflierens erzeugt?

A: fester Teig wie beim Yorkshire-Pudding

B: glänzende Zuckerglasur wie beim Zitronenkuchen

C: luftige Kruste wie beim Wiener Schnitzel

C: luftige Kruste wie beim Wiener Schnitzel

Die Kunst des Soufflierens zeigt sich zum einen darin, jemandem, der auf der Theaterbühne seinen Text vergessen hat, wieder auf die Sprünge zu helfen. Doch die Kunst zeigt sich auch an einem völlig anderen Ort: in der Küche. Das Wort Soufflieren stammt aus dem Französischen und bedeutet sowohl einflüstern als auch aufblasen. Wenden also Köche die Kunst des Soufflierens an, versuchen sie eine möglichst luftige und knusprige Kruste zu erzeugen. Bei Gerichten wie dem Wiener Schnitzel wird durch kreisende Bewegungen des Schnitzels im Bratfett Luft in die Panade eingearbeitet. So entsteht eine knusprige und gleichzeitig luftige und wellige Kruste, die das Fleisch locker umschließt.

Als Soufflé wird aber auch eine gebackene Eierspeise bezeichnet, die in Frankreich seit dem frühen 18. Jahrhundert bekannt ist. Hier ist es steif geschlagener Eierschnee, der der süßen Köstlichkeit seine Luftigkeit verleiht und dem sie Namen und Aussehen verdankt. Sie sollte unbedingt warm gegessen werden, denn sobald sich die Luft abkühlt, fällt das Soufflé gern in sich zusammen. Diese Gefahr besteht auch beim vorzeitigen Öffnen des Backofens. Merke: Ob süß oder herzhaft – beim Soufflieren in der Küche spielt in jedem Fall Luft eine wichtige Rolle.

55.

Welche Initiative ergriff eine britische Lebensmittelkette 2022, um Verschwendungen zu reduzieren?

A: Wer dort einkauft, erhält einen dem Einkauf angepassten Speiseplan.

B: Bei vielen Artikeln wurde das Mindesthaltbarkeitsdatum abgeschafft.

C: Die Verpackungsgröße der Waren orientiert sich am Pro-Kopf-Bedarf.

B: Bei vielen Artikeln wurde das Mindesthaltbarkeitsdatum abgeschafft.

Rund 1,3 Milliarden Tonnen Lebensmittel gehen jährlich auf ihrem Weg von der Herstellung bis auf den Teller verloren. Das schätzt die Welternährungsorganisation. Allein in Deutschland werden rund 11 Millionen Tonnen weggeworfen, davon 59 Prozent in den privaten Haushalten. Und in Großbritannien sieht es nicht viel besser aus. Deshalb schaffte dort eine Lebensmittelkette mit 335 Geschäften im Jahr 2022 das Mindesthaltbarkeitsdatum für fast 500 Artikel ab.

Bei Hunderten Produkten muss die Kundschaft seither selbst beurteilen, ob die Ware noch zum Verzehr geeignet ist. Das betrifft vor allem Obst, Gemüse und Kräuter. Hier fehlt jetzt der Hinweis »best before«, der dem Mindesthaltbarkeitsdatum entspricht. Nur auf leicht verderblichen Nahrungsmitteln wie etwa Hackfleisch steht weiter ein Verbrauchsdatum. Dieses Datum nennt den letzten Tag, an dem das jeweilige Lebensmittel verkauft und verzehrt werden darf. Das Mindesthaltbarkeitsdatum hingegen bezieht sich auf Geruch, Geschmack und Nährwert. Diese Unterscheidung gibt es übrigens auch in Deutschland bzw. der EU. Hier gilt: Wenn das Mindesthaltbarkeitsdatum abgelaufen ist, darf die Ware trotzdem noch verkauft werden – der Verkäufer muss lediglich darauf hinweisen, dass das Mindesthaltbarkeitsdatum abgelaufen ist. Nach Ablauf des Verbrauchsdatums hingegen dürfen Lebensmittel nicht mehr verkauft werden.

56.

Als Trocknungsmittel eingesetzte Säckchen mit Silica-Gel-Kugeln, die bunt eingefärbt sind, ...?

A: dürfen nicht in der Sonne liegen

B: eignen sich zum Trockenhalten von Lebensmitteln wie Salz

C: sollten nicht wiederverwendet, sondern im Restmüll entsorgt werden

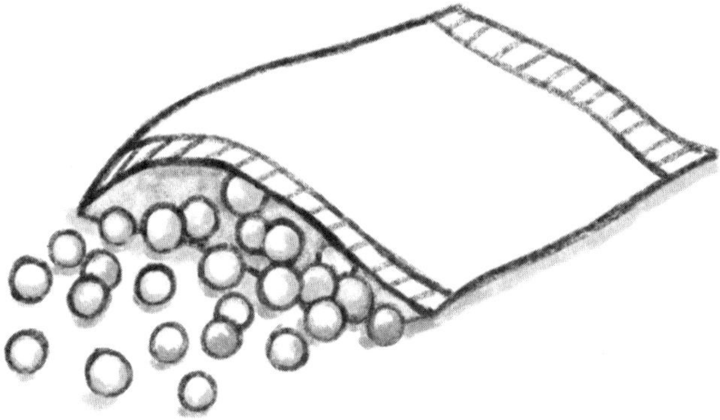

C: sollten nicht wiederverwendet, sondern im Restmüll entsorgt werden

Klein, aber oho: Wer ein Elektrogerät oder Kleidungsstück im Internet kauft, findet in der Verpackung häufig ein kleines Tütchen mit krümeligem Inhalt: Silica-Gel-Kugeln. Sie sollen die Ware trocken halten, indem sie Feuchtigkeit binden – eine Aufgabe, die sie dank ihrer großen inneren Oberfläche perfekt erledigen. Doch wohin damit, wenn das Gekaufte ausgepackt und in Gebrauch ist? »Wegwerfen« steht auf den Tütchen, und tatsächlich ist das eine Möglichkeit. Die Silica-Gel-Kugeln lassen sich einfach über den Restmüll entsorgen.

Wer will, kann aber stattdessen noch etwas Sinnvolles mit ihnen anfangen. Die Kügelchen eignen sich etwa dazu, Schuhe trocken zu halten. Sie schützen Dokumente oder Fotos vor dem Feuchtwerden. Auch bei ausrangierter Elektronik, die für später aufbewahrt wird, oder bei rostempfindlichem Werkzeug aus Eisen tun die Kügelchen diese Dienste. Allerdings braucht es jeweils wohl mehr als ein Tütchen, um eine Wirkung zu erzielen. Und Vorsicht: All das gilt nur für farblose Kügelchen. Eingefärbte können gesundheitsschädliche Farbstoffe enthalten und sollten deshalb nicht wiederverwendet werden. Außerdem gibt es auch für farbloses Silica-Gel eine Einschränkung: Für die Trocknung von Lebensmitteln oder Medikamenten sind sie nicht geeignet. Und irgendwann sind selbst sie so mit Feuchtigkeit gesättigt, dass auch ihnen nur noch der Weg in den Restmüll bleibt.

WIE TICKEN WIR?

Was wird in der Kommunikationswissenschaft als »Giraffensprache« bezeichnet?

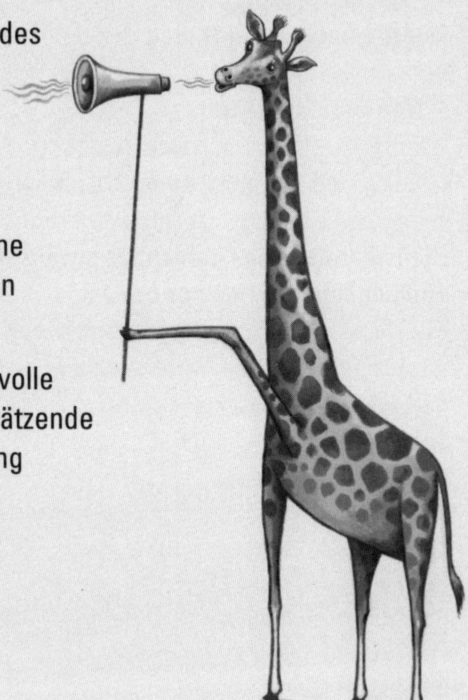

A: ein belehrendes Gespräch von oben herab

B: die gezielt lang gezogene Betonung von Wörtern

C: eine respektvolle und wertschätzende Verständigung

C: eine respektvolle und wertschätzende Verständigung

Giraffen können bis zu sechs Meter hoch werden. Und ihr Herz, das durchschnittlich etwa 12 Kilogramm wiegt, ist das größte aller auf dem Land lebenden Tiere. Damit waren sie das ideale Symboltier für den US-amerikanischen Psychologen Marshall B. Rosenberg (1934–2015) und dessen Konzept zur gewaltfreien Kommunikation, kurz: GFK. Darin schuf er den Begriff »Giraffensprache« als respektvolle und wertschätzende Verständigung. Denn der lange Hals der Giraffe verschafft ihr mehr Überblick, aber auch den nötigen Abstand. Beides steht in der gewaltfreien Kommunikation für den Schritt der Beobachtung. Das große Herz symbolisiert Empathie und den Versuch, miteinander in Verbindung zu kommen.

Die GFK entwickelte sich aus der Zusammenarbeit Rosenbergs mit der amerikanischen Bürgerrechtsbewegung in den 1960er-Jahren. Dabei versuchte er Gemeinden darin zu unterstützen, die Rassentrennung an den unterschiedlichsten Einrichtungen zu überwinden. Als Gegensatz zur Giraffe wählte Rosenberg die Hyäne, die bei uns durch den Wolf ersetzt wird. »Wolfssprache« beißt zu. Sie würdigt das Gegenüber herab, verletzt und erzeugt dadurch Angst und Ablehnung.

57.

Apfelbauern, die Honigbienenvölker in ihre Plantagen stellen, um die Ernteerträge zu erhöhen, sollten darauf achten, dass …?

A: immer nur eine Apfelsorte zur selben Zeit blüht

B: sich keine Rapsfelder in der Umgebung befinden

C: die Baumstämme keinen Kalkanstrich bekommen

B: sich keine Rapsfelder in der Umgebung befinden

Sie blühen beide im April: der Apfel und der Raps. Und beide sind unwiderstehlich für Bienen. Wer Äpfel anbauen will, muss daher etwas strategisches Denken mitbringen. Man braucht die Bienen fürs Bestäuben der Apfelblüten und stellt deshalb ganze Honigbienenvölker in die Plantagen. Doch Vorsicht, wenn neben der Plantage ein Rapsfeld blüht: Dann zieht es die Honigbienen unvermeidlich dorthin, denn der Raps produziert mehr Nektar. Mit der Folge, dass weniger Apfelblüten bestäubt werden und die Ernte im Herbst kleiner ausfällt.

Was tun? Befindet sich Raps in der Nähe einer Plantage, so ist das ja nicht ohne Weiteres zu ändern. Man kann aber zusätzlich auf Hummeln und andere Wildbienen zurückgreifen. Denn während Honigbienen gern mal zehn Kilometer fliegen, um den am reichsten gedeckten Tisch zu finden, haben Wildbienen einen kleineren Radius und bleiben ihrem Standort treu. Versuche der Universität Halle und des Helmholtz-Zentrums für Umweltforschung an zwölf Standorten in Sachsen-Anhalt haben ergeben: Wenn Wildbienen in Apfelplantagen einspringen, die neben Rapsfeldern liegen, fällt die Apfelernte hier später nahezu gleich aus wie auf Plantagen ohne benachbartes Konkurrenzangebot.

58.

Welche Aufgabe haben die vier Roboter »Tory« in der Bibliothek der TU Dortmund?

A: Sie sorgen im Lesesaal für Ruhe.

B: Sie spüren Schädlinge auf.

C: Sie suchen nach falsch platzierten Büchern.

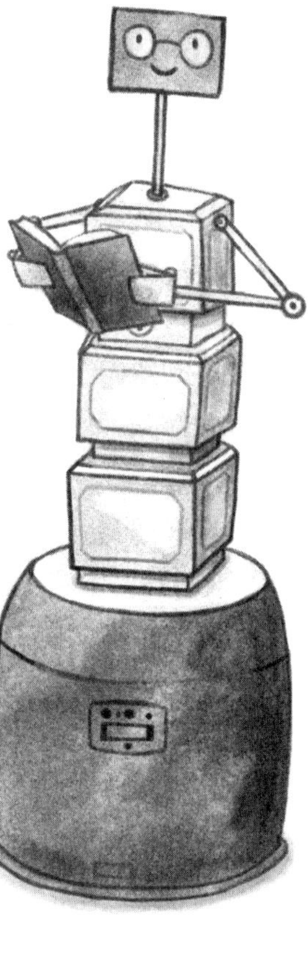

C: Sie suchen nach falsch platzierten Büchern.

Klar, das kann jedem mal passieren: Man zieht ein Buch aus dem Regal und stellt es hinterher an die falsche Stelle zurück. Ärgerlich wird es, wenn das Buch am nächsten Tag wieder benötigt wird und dann unauffindbar ist. Schließlich sind Bücher oft eine unverzichtbare Arbeitshilfe, vor allem für Studierende. Deshalb ist es auch ausgesprochen unkollegial, in Bibliotheken ein Buch, das man mehrfach benötigt, am falschen Ort zu verstecken, damit niemand anderer Zugriff darauf hat. (Ja, so etwas kommt leider wirklich vor.)

Ein ausgeklügeltes System von Signaturen hilft dabei, in Bibliotheken Ordnung zu halten. Die Signaturen kleben in der Regel klein auf dem unteren Buchrücken. In der Universitätsbibliothek der TU Dortmund ist der Buchbestand überdies mit sogenannten RFID-Streifen versehen. RFID ist eine Technologie, bei der Gegenstände mittels Radiowellen identifiziert und aufgespürt werden. Sie kommt auch beim kontaktlosen Bezahlen zum Einsatz. In der Dortmunder Unibibliothek nun fahren vier mannshohe Roboter durch die Regalreihen, drehen sich dabei leicht nach links oder rechts um ihre eigene Achse und spüren mittels der Radiowellen falsch einsortierte Bücher auf. Sie machen quasi ständig Inventur. Das Bibliothekspersonal liest die »Torys« dann aus und kann anhand der Informationen in den Regalen aufräumen.

59.

Der Begriff »Exzellenz-Effekt« beschreibt das Phänomen, dass zweitklassige Führungskräfte überwiegend …?

A: erstklassige Mitarbeitende die eigene Arbeit machen lassen

B: zweitklassige Mitarbeitende schnell aufsteigen lassen

C: drittklassige Mitarbeitende beschäftigen

C: drittklassige Mitarbeitende beschäftigen

Bevor wir den »Exzellenz-Effekt« anschauen, gilt es ein anderes Phänomen aus der Arbeitswelt zu verstehen: das Peter-Prinzip. Es besagt, dass jemand immer dann befördert wird, wenn er auf einer Position seine Sache gut macht. Das endet erst, wenn er in der Hierarchie auf einem Level oder in einem Bereich angelangt ist, für den er nicht mehr gut genug ist. Dann wird er nicht mehr befördert, sondern bleibt auf seinem Posten. Dieses Prinzip, das nach dem kanadisch-US-amerikanischen Psychologen Laurence J. Peter heißt, ist nur halb ironisch gemeint. Als wahrer Kern steckt jedenfalls darin, dass nicht jede Führungskraft auf ihrem Posten wirklich erstklassig ist.

Was aber tun zweitklassige Führungskräfte? Holen sie wenigstens erstklassige Mitarbeitende an Bord, um das Gesamtniveau zu halten? Nein, das tun sie nicht, wenn man einer Beobachtung aus dem Arbeitsleben Glauben schenken darf. Denn dann müssten sie ja befürchten, dass ihnen die sehr guten Mitarbeitenden Konkurrenz machen. Sie holen sich stattdessen bevorzugt Leute ins Team, neben denen sie noch sehr gut aussehen – also drittklassige Mitarbeitende. Erstklassige Führungskräfte hingegen haben das nicht nötig. Im Gegenteil, sie freuen sich vielleicht über Inspiration und umgeben sich daher mit erstklassigen Mitarbeitenden.

60.

Wieso gilt nach dem Auftragen von medizinischen Salben oder Gelen der Grundsatz »Erst Hände abwischen, dann waschen«?

A: um Korrosion an Wasserhähnen zu vermeiden

B: um den Säureschutzmantel der Haut zu schonen

C: um die Gewässerbelastung zu reduzieren

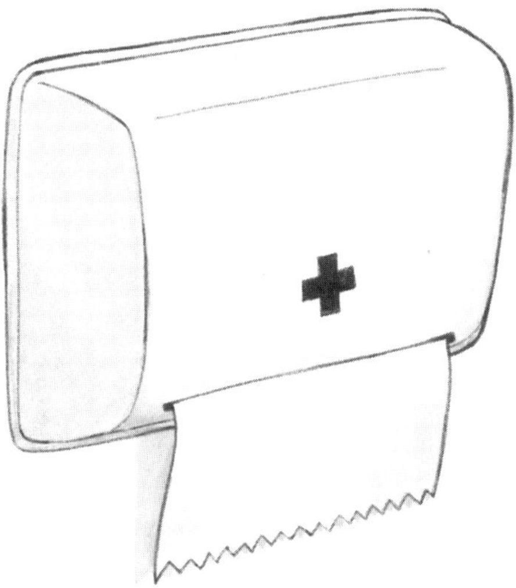

C: um die Gewässerbelastung zu reduzieren

Viele Empfehlungen im Gesundheitsbereich sind direkt nützlich für alle, die sie anwenden. Manche aber nützen nicht der kranken oder der sie betreuenden Person, sondern schlicht und einfach … der Umwelt und über diesen Umweg dann auch wieder dem Menschen ganz allgemein. So verhält es sich etwa mit dem guten Rat, sich nach dem Auftragen medizinischer Salben, Cremes oder Gele erst die Hände mit einem Papiertaschentuch abzuwischen, bevor man sie wäscht.

Es ist ja auch ganz logisch: Alles, was im Papiertaschentuch hängen bleibt, gelangt mit diesem in den Abfalleimer und folglich nicht ins Abwasser. Warum das wichtig ist? Medizinische Produkte, die auf die Haut aufgetragen werden, sind nicht einfach nur Kosmetik, sondern mit Wirkstoffen versehen – mit schmerzstillenden Substanzen etwa. Wenn sie ins Abwasser gelangen, können sie in den Klärwerken nicht vollständig wieder daraus entfernt werden. Mittlerweile sind medizinische Rückstände in natürlichen Gewässern nachgewiesen. Schlecht für Tiere, Pflanzen und letztlich auch für die Menschen! Eine Studie von 2022 hat ergeben: Gründliches Wischen vor dem Waschen führt dazu, dass etwa vom Wirkstoff Diclofenac 70 Prozent weniger im Abwasser landen. Kleine Maßnahme, große Wirkung!

61.

Im englischen Pokalfinale 1933 zwischen dem FC Everton und Manchester City …?

A: gewann Everton das Spiel, aber Manchester bekam den Siegerpokal

B: trug Everton die Nummern 1 bis 11 und City die 12 bis 22

C: zeigte der Schiedsrichter einem der Linienrichter die Rote Karte

B: trug Everton die Nummern 1 bis 11 und City die 12 bis 22

Der FC Everton aus Liverpool und Manchester City gehören zu den traditionsreichsten Mannschaften des englischen Fußballs. Am 29. April 1933 standen sie sich vor einem Publikum von über 92 000 Personen im Londoner Wembley-Stadion im 62. Finale des legendären FA-Cups gegenüber. Es war angeblich das erste Endspiel dieser Art, in dem alle Spieler in nummerierten Trikots aufliefen, wobei nach anderslautenden Quellen auch frühere Spiele genannt werden. Everton spielte in weißen Shirts mit den Rückennummern 1 bis 11, wobei der Torhüter die Nummer 1 trug. Manchester City trat in roten Trikots mit den Nummern 12 bis 22 an. Hier hatte der Torwart die Nummer 22 auf dem Rücken. Der berühmte Mittelstürmer Dixie Dean erzielte beim 3 : 0-Erfolg seiner Mannschaft einen Treffer für Everton. Er trug die Rückennummer 9, die nach wie vor symbolträchtigste Nummer für einen Mittelstürmer.

Im deutschen Fußball wurden Rückennummern erst zur Saison 1948/49 eingeführt. Erst ab der Saison 1995/96 bekamen die Spieler der ersten und zweiten Bundesliga feste Nummern zugewiesen. Seit der Spielzeit 2011/12 gibt es für Bundesligaprofis keine fixe Nummer jenseits der 40 mehr. Umfasst ein Kader mehr Spieler, wird einfach durchnummeriert. Viele Kicker und Kickerinnen sind abergläubisch und darauf erpicht, »ihre« Nummer auch bei einem Vereinswechsel zu behalten.

62.

Laut einem Gerichtsurteil vom Mai 2022 können Hummeln in Kalifornien …?

A: als Fische eingestuft werden

B: wegen Körperverletzung belangt werden

C: für unzureichende Bestäubung haftbar gemacht werden

A: als Fische eingestuft werden

Der Hummel ist es mit ziemlicher Sicherheit egal, in welcher juristischen Schublade sie gelandet ist. Sie weiß nicht, dass es um ihr Überleben geht. Das aber hatte das Berufungsgericht im kalifornischen Sacramento im Auge, als es im Mai 2022 entschied: Hummeln sind Fische. Also Fische im weiteren Sinn – das bedeutet: wirbellose Tiere. Denn nur mit dieser Definition gelangten die kleinen Brummer unter den Schutzschirm des kalifornischen Artenschutzgesetzes.

Insektenfreundliche Umweltgruppen wollten vier Hummelarten schon 2020 auf die Liste bedrohter Tierarten stellen lassen. Doch ein Gericht lehnte ab und begründete das mit dem Gesetzestext: Darin stehen ausdrücklich nur »Vögel, Säugetiere, Fische, Amphibien, Reptilien und Pflanzen«. Zwei Jahre später fand das Berufungsgericht ein Schlupfloch: Als »Fische«, so das Gericht, gälten ja bereits auch andere wirbellose Tiere. So seien nach diesem Gesetz etwa die Qualle und eine bestimmte Landschneckenart formal ein Fisch. Wirbellos ist aber auch die Hummel. Und so wird sie in Kalifornien nun doch geschützt – sehr zum Ärger der Mandelbauern, die deshalb beim massenhaften Bestäubenlassen und beim Einsatz von Pestiziden nun höhere Standards einhalten müssen.

63.

Ende der 1940er-Jahre erfand die Chemikerin Helen Barnett Diserens nach dem Vorbild …?

A: der Graffiti-Dose die Sprühsahne

B: des Kakaopulvers den Instantkaffee

C: des modernen Kugelschreibers den Deoroller

C: des modernen Kugelschreibers den Deoroller

Jahrhundertelang herrschte in Europa die Vermutung, Luft und Wasser würden Krankheiten übertragen. Waschen war deshalb verpönt. Stattdessen überdeckte beim Adel Parfüm die schlechten Gerüche, und Puder sollte die Haut vor der vermeintlich schädlichen Luft schützen. In dem Maße, wie Medizin und Industrialisierung voranschritten, begann sich die Hygiene durchzusetzen, und zwar in allen Gesellschaftsschichten. Denn industriell hergestellte Seife war auch für Ärmere erschwinglich. Das erste kommerzielle Deodorant kam 1888 in Philadelphia auf den Markt: Es handelte sich um eine Creme, die per Hand auf die Haut aufgetragen wurde. Bis zum ersten Deoroller sollte es noch rund 60 Jahre dauern.

Erfunden hat ihn schließlich eine Frau: Helen Barnett Diserens, Chemikerin und Absolventin der University of Michigan. Bei ihrer Arbeit im Labor der New Yorker Kosmetikfirma Bristol Myers ließ sie sich vom gerade erst patentierten Prinzip des Kugelschreibers inspirieren: Sie befestigte eine Kugel an einem Behälter, der mit einer Duftlösung gefüllt war. Damit ließ sich der Wirkstoff gleichmäßig in der Achselgegend verteilen – der Deoroller war geboren.

64.

Laut einer Studie des israelischen Weizmann-Instituts haben enge Freunde …?

A: einen sich ähnelnden Körpergeruch

B: unabhängig voneinander dieselbe Gehgeschwindigkeit

C: beim Zusammensein dieselbe Pulsfrequenz

A: einen sich ähnelnden Körpergeruch

In der Liebe spielt der Duft eine wichtige Rolle, das ist bekannt. Vor allem die sogenannten Pheromone, die wir gar nicht bewusst wahrnehmen, beeinflussen, wen wir sexuell attraktiv finden. Aber auch der bewusst wahrgenommene Körpergeruch eines anderen Menschen entscheidet mit darüber, ob wir gerade diesen Menschen lieben – ob wir ihn »riechen können«, wie es umgangssprachlich heißt.

Und wie verhält es sich bei platonischen Freundschaften? Ganz klar: Wer uns im Alter, in der Lebensweise und den Wertvorstellungen ähnelt, mit dem freunden wir uns leichter an. Eine im Jahr 2022 veröffentlichte Studie des Weizmann-Instituts in Israel hat nun ergeben: Auch hier entscheidet die Nase mit. Für die Studie untersuchte das Forschungsteam 20 »Klickfreundschaften« – also Freundespaare, die einander bereits beim ersten Kennenlernen sympathisch gewesen waren. Zuerst mussten die 40 Versuchspersonen zwei Nächte hintereinander ein T-Shirt tragen. So wurde der jeweilige Körpergeruch erfasst. Eine elektronische Nase analysierte die Geruchsproben dann nach verschiedenen chemischen Bestandteilen und verglich diese miteinander. Dabei zeigte sich: Der Körpergeruch der Männer und Frauen, die miteinander befreundet waren, ähnelte sich deutlich mehr, als zufällig ausgewählte Geruchsproben das taten.

65.

Als 2013 die Verleihung des Nobelpreises für Physik an den Briten Peter Higgs bekannt gegeben wurde, ...?

A: entzündete er ein Feuerwerk, das seinen Geräteschuppen zerstörte

B: änderte er seinen Namen in Peter Hickleberry

C: versteckte er sich vor der Bekanntgabe in einem Pub

C: versteckte er sich vor der Bekanntgabe in einem Pub

»Wo waren Sie, als der Anruf kam?« Das werden Nobelpreisträger und -preisträgerinnen gern gefragt. Manche erzählen dann von einer nie geahnten Überraschung und dass sie es kaum glauben konnten. Anders der britische Teilchenphysiker Peter Higgs. Gemeinsam mit seinem belgischen Kollegen François Englert bekam er am 8. Oktober 2013 den Physiknobelpreis zugesprochen. Higgs wurde für die Entdeckung des nach ihm benannten Elementarteilchens Higgs-Boson ausgezeichnet, dessen Existenz er bereits in den 1960er-Jahren vorausgesagt hatte. Erst 2012 konnte es wirklich nachgewiesen werden. Englert hatte unabhängig davon den zugrunde liegenden Higgs-Mechanismus erforscht.

Für das Nobelpreiskomitee, das ihm die Ehrung mitteilen wollte, war Peter Higgs zunächst jedoch nicht zu erreichen. Der öffentlichkeitsscheue Physiker hatte schon mit der Auszeichnung gerechnet und wollte der Presse aus dem Weg gehen. In einem Interview berichtete er später, dass er sich am Tag der Bekanntgabe in einem Pub am anderen Ende seiner Heimatstadt Edinburgh versteckt und von der Ehrung dann auf dem Heimweg durch einen ehemaligen Nachbarn erfahren habe.

66.

Nacktmulle haben …?

A: wie Ameisen eine strenge Arbeitsteilung in ihren Kolonien

B: einen ähnlich giftigen Biss wie Komodowarane

C: denselben Schwimmstil wie Flusspferde

A: wie Ameisen eine strenge Arbeitsteilung in ihren Kolonien

Sie sind zwar nicht besonders hübsch, aber dafür sehr widerstandsfähig. Nacktmulle, die haarlosen Nager, die in unterirdischen Kolonien in den Halbwüsten Ostafrikas leben, scheinen das Geheimnis des (fast) ewigen Lebens für sich entschlüsselt zu haben. Sie werden bis zu 30 Jahre alt – eine unvorstellbar lange Zeit für solch ein kleines Säugetier. Mittlerweile weiß man: Ihr Zusammenleben mit anderen trägt wesentlich dazu bei, dass sie so alt werden.

Nacktmulle leben in Kolonien. Bis zu 300 Tiere können eine solche Kolonie bevölkern. Nacktmulle sind eusozial, das heißt, sie legen ein hervorragendes Sozialverhalten an den Tag. Ununterbrochen verständigen sie sich miteinander durch Grunzen, Zwitschern, Zirpen und Piepsen. Sie kümmern sich in der Jugend um ihre kleinen Geschwister und als Erwachsene um das Tunnelsystem, in dem ihre Kolonie wohnt. Besonders kräftige Tiere halten Wache an den Ausgängen und werfen Grabungsschutt hinaus. Was bisher vor allem für Insekten galt, etwa für Bienen und Ameisen, das können also auch die Nacktmulle für sich beanspruchen: dass sie straff organisiert sind und eine hoch spezialisierte Arbeitsteilung besitzen. Sogar eine Königin haben sie, die für den Nachwuchs sorgt. Ganz nebenbei gibt die Chefin im Wortsinn den Ton an: Sie bestimmt sogar, welchen Dialekt ihre Kolonie spricht.

67.

Die US-amerikanische Sängerin und Schauspielerin Lady Gaga …?

A: lebte von 1994 bis 1996 in einem Schweigekloster in Tibet

B: ist die Patentante von Elton Johns Söhnen

C: ließ eine 23 Meter hohe Statue von sich in ihren Garten bauen

B: ist die Patentante von Elton Johns Söhnen

Sie sagt über ihn: »Er ist mein Freund, er ist wie ein Elternteil.« Und er sagt über sie: »Ich liebe sie, sie ist absolut unglaublich.« Die Rede ist von Lady Gaga und Elton John. Eine Freundschaft, die sich bis ins Jahr 2010 zurückverfolgen lässt, als die Sängerin bei ihrem Grammy-Debüt gemeinsam mit Superstar Elton dessen »Your Song« anstimmte. Seit dieser Zeit haben die beiden immer wieder zusammengearbeitet und auch privat eine enge Verbindung zueinander gefunden. Als Elton John und sein Ehemann David Furnish Lady Gaga im Jahr 2011 baten, für ihren 2010 geborenen Sohn Zachary Jackson Levon die Patenschaft zu übernehmen, stimmte sie umgehend zu. Und auch nach der Geburt des zweiten Sohnes Elijah Joseph Daniel – beide Kinder wurden von einer unbekannten Leihmutter geboren – wurde sie erneut Patentante. Von den Jungs wird sie liebevoll »Mother Gaga« genannt.

Seit 30 Jahren schmeißt Elton John in der Nacht der Oscar-Verleihung eine große Party zugunsten seiner Aids-Stiftung. Als er 2022 erstmals wegen seiner Abschiedstournee nicht selbst an dem Ereignis teilnehmen konnte, vertraten ihn Lady Gaga und die beiden Jungs zusammen mit Elton Johns Ehemann medienwirksam. Insofern eine Besonderheit, da der exzentrische Brite sein Privatleben ansonsten eher unter Verschluss hält.

68.

Das sogenannte Läuferdreieck …?

A: bezeichnet eine hin- und zurückgelaufene Strecke statt einer Runde

B: ist zwischen Ellenbeuge, Schulter und Hand zu finden

C: entsteht, wenn der Schnürsenkel die Lasche nach unten drückt

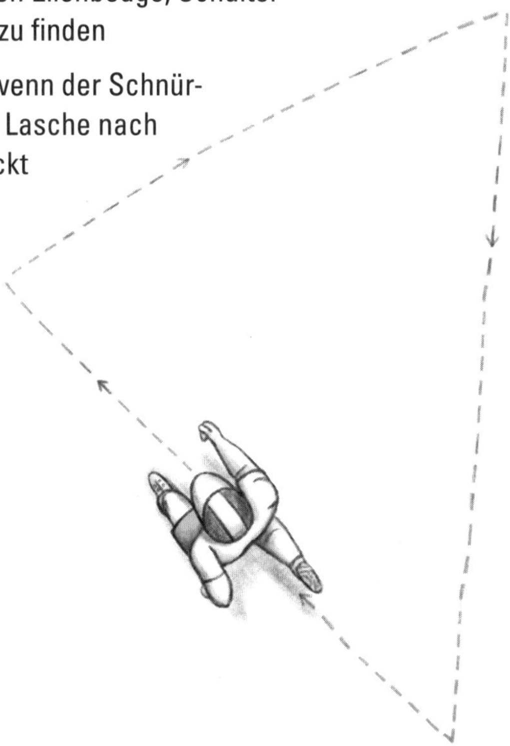

B: ist zwischen Ellenbeuge, Schulter und Hand zu finden

Ganz klar: Laufen tut man mit den Beinen. Doch die Arme arbeiten kräftig dabei mit. Erstens wirken sie durch die Kreuzkoordination stabilisierend auf den Körper: Wenn das linke Bein nach vorn schwingt, tut dies gleichzeitig der rechte Arm – beide Gliedmaßen koordinieren einander also über Kreuz. Außerdem wirken die Arme als Taktgeber für die Beine: Arme und Beine schwingen beim Laufen im selben Tempo. Wer die Arme schneller schwingt, der beschleunigt also auch seine Schritte. Vorausgesetzt, die Armhaltung stimmt.

Die Armbewegung sollte am besten aus der Schulter kommen, wobei die Arme vorzugsweise parallel zum Körper schwingen – also weder zu eng am Rumpf noch zu weit abgespreizt. Das hilft dabei, den Rumpf beim Laufen ruhig zu halten, anstatt in Ausgleichsbewegungen zu verfallen. Der Winkel im Ellenbogen aber sollte weniger als 90 Grad betragen. Dann besteht zwischen Schulter, Hand und Ellenbeuge ein gleichseitiges Dreieck. Dieses sogenannte Läuferdreieck erlaubt eine besonders schnelle Armbewegung und damit auch eine hohe Schrittfrequenz.

69.

Einen bis zu 15 Prozent höheren Kaufpreis erzielen Immobilienverkäufer, wenn sie …?

A: die Immobilie mit einer schwarzen Küche ausstatten

B: ihr Objekt vor dem Verkauf komplett einrichten lassen

C: die Immobilie durch einen Aushang in Feinkostläden bewerben

B: ihr Objekt vor dem Verkauf komplett einrichten lassen

Stellen Sie sich vor, Sie möchten eine Eigentumswohnung oder ein Haus erwerben. Ist es nicht so, dass einerseits leere Räume häufig ungemütlich und wenig einladend wirken? Und dass es andererseits schwerfällt, sich einen eingerichteten Raum vor dem geistigen Auge vorzustellen? Schon in den 1970er-Jahren entstand deswegen in den USA die Idee des sogenannten Home Staging. Innenarchitektur- und Designschaffende taten sich zusammen, um zum Verkauf angebotene, aber leer stehende Immobilien professionell zu stylen und einzurichten. Schnell stellte sich heraus, dass ein derart angebotenes Objekt einen bis zu 15 Prozent höheren Verkaufspreis erzielen kann.

Im Jahr 2006 entstand die erste deutsche Home-Staging-Agentur in Hamburg, vier Jahre später gründete sich die Deutsche Gesellschaft für Home Staging und Redesign, deren Erfahrungen das Ergebnis aus den USA bestätigten. Inzwischen gibt es in Deutschland rund 200 Home Stager und Home Stagerinnen, hauptsächlich in Großstädten und Ballungsgebieten. Sie versuchen gezielt, oftmals zusammen mit Immobilienmaklern, eine Wohnung oder ein Haus so zu gestalten, dass die Immobilien für den Interessenten eine höhere Wertigkeit vermitteln.

70.

Von »Knowledge Hiding« wird gesprochen, wenn …?

A: in Onlineforen gezielt falsche Nachrichten verbreitet werden

B: im Arbeitsalltag Informationen nicht mit den anderen Teammitgliedern geteilt werden

C: Eheleute sich gegenseitig über die Vermögensverhältnisse anlügen

B: im Arbeitsalltag Informationen nicht mit den anderen Teammitgliedern geteilt werden

Wer kennt sie nicht: Teammitglieder, die angefragtes berufliches Wissen aus unterschiedlichen Gründen bewusst verheimlichen? Die einen stellen sich dumm, wenn man sie um Informationen bittet, oder behaupten, nicht Bescheid zu wissen. Andere geben ihr Wissen nur teilweise preis oder halten ihr Gegenüber hin. Wieder andere behaupten wahrheitswidrig, überhaupt keine Befugnis zu haben, gewisse Informationen zu teilen. In all diesen Fällen sprechen Experten vom »Knowledge Hiding«, frei übersetzt von »Wissen verstecken«.

Hinter alldem kann die Angst stecken, sich ersetzbar zu machen oder Konkurrenz im eigenen Hause heranzuzüchten. Dies kommt häufig in Firmen mit schlechtem Betriebsklima oder großem Wettbewerbsdruck vor. Doch Knowledge Hiding ist nicht nur unkollegial, sondern hat oftmals auch negative Auswirkungen auf Unternehmen, die aufgrund von mangelndem Informationsfluss an Effizienz verlieren. Etwa weil frustrierte Mitarbeitende Dienst nach Vorschrift machen. Nicht selten ist eine hohe Kündigungsrate die Folge. Kurz gesagt: Knowledge Hiding verhindert eine erfolgreiche Zusammenarbeit. Dies gilt natürlich nicht, wenn Geschäftsgeheimnisse, etwa aus Datenschutzgründen, bewusst geheim gehalten werden müssen.

WIE BITTE?!

Nachdem Robert Vick 2014 an einem Sonntag aus dem Gefängnis von Blackburn in Kentucky entflohen war, …?

A: ließ er sich montags wegen eisiger Kälte freiwillig wieder festnehmen

B: erhielt er vom Pfarrer ein Preisgeld von 50 US-Dollar

C: kehrte er samstags zurück, räumte seine Zelle auf und floh erneut

A: ließ er sich montags wegen eisiger Kälte freiwillig wieder festnehmen

Einen schlechten Zeitpunkt hatte sich Robert Vick im Januar 2014 für seinen Ausbruch ausgesucht. Der 42-Jährige musste, unter anderem wegen Einbruchs, eine sechsjährige Haftstrafe im Blackburn Correctional Complex in Kentucky absitzen. An einem Sonntag gelang ihm die Flucht. Allerdings geriet er draußen in die eisigste Kältewelle seit Langem, die die USA fest im Griff hatte. Ein Polarwirbel, ein riesiges Kältepolster, ließ Nordamerika unter sich erstarren. Mehrere Menschen starben, die Feuerwehren hatten wegen geplatzter Rohre alle Hände voll zu tun. Die Niagarafälle froren zu, und mancherorts schufen Kunstsinnige meterhohe Skulpturen aus Eis in ihren Vorgärten.

Mit minus 16 Grad, gefühlt sogar minus 27, empfing die lang ersehnte Freiheit also den Ausbrecher Robert Vick. Der aber trug nur eine dünne Gefängnisjacke. Genau einen Tag hielt er es draußen aus. Dann schleppte er sich in ein nahe gelegenes Motel und bat darum, die Polizei zu rufen. »Er war gefroren«, erzählte der Motelmanager später im Fernsehen. Vick wurde zunächst im Krankenhaus behandelt und dann wieder eingesperrt. Seine Haftstrafe verlängerte sich durch den Ausbruch natürlich.

71.

Mit der Radiokarbonmethode zur Altersbestimmung fanden Forschende 2022 heraus, dass …?

A: eine Leber im Schnitt nie älter als etwa drei Jahre ist

B: sich ein Sehnerv ein Leben lang nicht verändert

C: sich während der Pubertät keine neuen Körperzellen bilden

A: eine Leber im Schnitt nie älter als etwa drei Jahre ist

Bekanntlich ist die Leber ein Organ, das mit seinen Aufgaben wächst. Unter anderem muss sie für die Entgiftung unseres Blutes sorgen, weswegen sie häufigen Kontakt mit giftigen Stoffen hat. Aus diesem Grund müssen sich Leberzellen schnell regenerieren. Wie schnell, wollte ein Forschungsteam der Technischen Universität Dresden herausfinden. Zu diesem Zweck untersuchte die Gruppe unter der Leitung von Dr. Olaf Bergmann das Alter von Leberzellen mit der aus der Archäologie bewährten Radiokarbonmethode, auch als C14-Methode-bekannt.

Bei 33 Testpersonen im Alter von 20 bis 84 Jahren wurde auf diese Weise das biologische Alter des Lebergewebes bestimmt. Dabei stellte sich heraus, dass die Zellen und damit das ganze Organ überraschend jung bleiben. Im Schnitt war das untersuchte Gewebe nicht älter als drei Jahre, egal in welchem Alter sich die Testperson befand. Wer nun glaubt, seiner Leber deswegen alles zumuten zu können, sollte sich trotzdem nicht täuschen: So können die Zellen durch chronische Entzündungen, die von körpereigenen oder fremden Substanzen wie zum Beispiel Alkohol ausgelöst werden, ihre Regenerationsfähigkeit verlieren. Aber auch krankhafte Gewebeveränderungen ohne äußeren Auslöser können Ursache für Leberversagen sein.

72.

Wer im »Unland« steht, befindet sich auf einer Fläche, die …?

A: sich zwischen zwei Staatsgrenzen befindet

B: an Land unter dem Meeresspiegel liegt

C: unbebaut und land- und forstwirtschaftlich nicht nutzbar ist

C: unbebaut und land- und forstwirtschaftlich nicht nutzbar ist

Seit 1980 (in den neuen Bundesländern seit 1992) führt das Statistische Bundesamt eine Flächenerhebung durch, in der alle Flächen in Deutschland und ihre Nutzung erfasst werden. Seit 2008 geschieht das jährlich. Diese Erhebung reicht von Wohnbau- und Industrieflächen über Parks, Kleingärten und Sportplätze, Landwirtschaft und Wald bis hin zu unkultivierten Bodenflächen. Hierzu zählen Heide, Moor und Sumpf sowie das sogenannte Unland. So bezeichnet man vegetationslose Flächen, die aufgrund ihrer Bodenbeschaffenheit keinen nennenswerten Bewuchs aufweisen, weswegen sie auch nicht forst- oder landwirtschaftlich genutzt werden können. Konkret nennt das Statistische Bundesamt Felsen, Steinriegel, Dünen und stillgelegtes Abbauland.

Auch das Liegenschaftskataster, in dem sämtliche Flurstücke registriert sind, spricht von Unland, und zwar als einer Fläche ohne nennenswerten Bewuchs aufgrund besonderer Bodenbeschaffenheit, wie zum Beispiel Fels, Steine, Schotter, Geröll, Sand, Schnee, Eis oder Firn. Laut Statistik fielen im Jahr 2020 deutschlandweit 1,1 Prozent der gesamten Bodenfläche unter diesen Begriff, das sind immerhin 3908 Quadratkilometer. Auch wenn diese Fläche wirtschaftlich nicht nutzbar ist, dient sie doch gefährdeten Arten oftmals als natürliches Ökosystem.

73.

Womit sorgte die US-Rockband The Grateful Dead 1992 für Schlagzeilen?

A: Sie rettete das Monument am Mount Rushmore vor dem Verfall.

B: Sie ermöglichte den litauischen Basketballern die Olympiateilnahme.

C: Sie schrieb das Skript für den Pilotfilm der Sitcom »Die Nanny«.

B: Sie ermöglichte den litauischen Basketballern die Olympiateilnahme.

Die legendäre Rockband The Grateful Dead stand rund ein halbes Jahrhundert für Spektakel und Freiheit. Das Gleiche konnte man zu Beginn der 1990er-Jahre über die litauische Basketball-Nationalmannschaft sagen. 1990 erlangte das kleine, rund drei Millionen Einwohner zählende Land nach 54 Jahren seine Unabhängigkeit zurück. Damit konnten auch die Stars des litauischen Nationalsports wieder unter eigener Flagge brillieren. Die Jahrzehnte zuvor hatten viele litauische Spieler der Sowjetunion zu jeder Menge internationalen Basketballerfolgen verholfen.

1992 fanden die Olympischen Spiele in Barcelona statt, aber die Teilnahme Litauens drohte an Geldmangel zu scheitern. Doch der Zufall half: Nach einem Konzert in Detroit 1991 lernten Mitglieder von The Grateful Dead den litauischen Weltklasse-Basketballer Šarūnas Marčiulionis kennen, der zu der Zeit für das kalifornische NBA-Team »Golden State Warriors« spielte. Er berichtete den basketballbegeisterten Musikern von den finanziellen Nöten seiner Nationalmannschaft. Spontan beschlossen die Rockstars, zu helfen. Unter anderem ließen sie auffällige T-Shirts und Shorts entwerfen, die von den Litauern bei Olympia getragen und zu einem weltweiten Verkaufsschlager wurden. Die farbenfrohen Trikots zeigten ein Skelett beim Korbwurf. Litauen gewann schließlich die Bronzemedaille. Im Spiel um Platz drei schlug das Land ausgerechnet die GUS, den Nachfolgestaat der Sowjetunion.

74.

In den ersten sechs Monaten ihres Lebens …?

A: wächst der Hals von Giraffen nicht

B: können Erdmännchen nicht auf zwei Beinen stehen

C: haben Elefanten keine Kontrolle über ihren Rüssel

C: haben Elefanten keine Kontrolle über ihren Rüssel

Viele Leute lieben putzige Tiervideos im Internet. Vor Kurzem machte ein kurzer Clip Furore, der ein Elefantenbaby zeigte, wie es seinen Rüssel völlig unkoordiniert herumwirbelte und dabei offensichtlich viel Spaß hatte. Es sah allerdings so aus, als wüsste es mit dem Ding in seinem Gesicht nicht wirklich etwas anzufangen. In der Tat: Genauso ist es! In den ersten sechs bis acht Monaten ihres Lebens brauchen Elefanten ihren Rüssel nicht wirklich. Sie trinken die Muttermilch direkt mit dem Mund, und dass sie mit dem Rüssel riechen, fühlen oder etwas greifen können, lernen sie erst, indem sie von den erwachsenen Tieren abschauen, wie es geht.

So ein Elefantenrüssel ist ein wahres Wunderwerk. Er setzt sich aus Oberlippe und Nase des Dickhäuters zusammen, wiegt bis zu 135 kg, hat keinerlei Knochen und besitzt stattdessen sage und schreibe 40 000 verschiedene Muskeln. Zum Vergleich: Wir Menschen haben insgesamt nur 639 Muskeln. Kein Wunder, dass der Rüssel zu den vielseitigsten Organen der Tierwelt zählt. Außer zur Nahrungsaufnahme, zum Atmen, Riechen, Tasten oder Heben (so ein Rüssel stemmt bis zu 350 kg) dient er auch als Kommunikationsmittel mit den Artgenossen oder gar als Waffe. Nun wird klar, warum so ein kleiner Elefant ein Weilchen braucht, bis er all das auf die Reihe kriegt.

75.

In Städten, die im Mittelalter über das sogenannte Niederlagsrecht verfügten, ...?

A: durften Einzelpersonen ohne den Erwerb von Grund bauen

B: waren durchreisende Händler verpflichtet, ihre Ware anzubieten

C: konnte von Besuchern das Niederlegen aller Waffen verlangt werden

B: waren durchreisende Händler verpflichtet, ihre Ware anzubieten

Das ab dem 13. Jahrhundert in Europa verbreitete Niederlags- oder Stapelrecht war ein Zwangsrecht vieler Städte, das diesen Handelsvorteile und eine Menge Einnahmen brachte. Dieses Recht schrieb reisenden Kaufleuten vor, in den Städten an Land und auf dem Wasser haltzumachen, sobald sie sich ihnen in einem gewissen Umkreis näherten. Wer Handel treiben wollte, musste seine Ware für eine bestimmte Zeit, meist einige Tage, an einem speziellen Ort »stapeln« oder »niederlegen« und zum Verkauf anbieten.

Zusätzlich zu diesem Recht besaßen die Städte oft auch noch das Umschlagsrecht. Dieses verpflichtete die Kaufleute, ihre Waren auf Transportmittel der Stadt umzuladen und weiterzubefördern – etwa auf deren Karren oder Schiffe. Von diesem vom jeweiligen Landesherrn erteilten Zwangsrecht profitierten zum Beispiel die meisten Hansestädte, aber auch Orte wie Köln, Frankfurt oder Wien, die an wichtigen Handelsrouten, vornehmlich an Flüssen, lagen. Erst im 19. Jahrhundert wurden diese Rechte durch Beschlüsse des Wiener Kongresses im Jahr 1815 abgeschafft.

76.

Chipkarten wie Debit- oder Kreditkarten …?

A: sind nicht mehr lesbar, wenn sie in Plastikhüllen aufbewahrt wurden

B: sind laut Gesetz Elektrogeräte und müssen so entsorgt werden

C: haben runde Ecken, um sie vor unerlaubtem Auslesen zu schützen

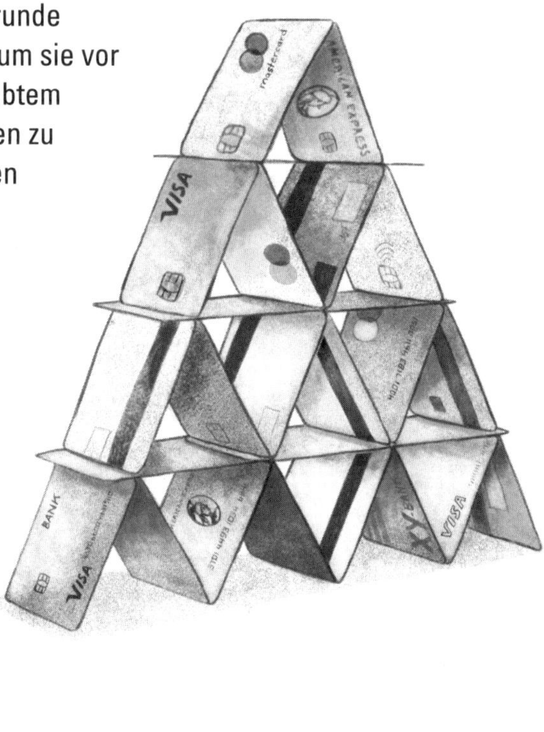

B: sind laut Gesetz Elektrogeräte und müssen so entsorgt werden

Chipkarten enthalten, wie der Name schon sagt, einen Mikrochip. Dabei handelt es sich um eine elektronische Schaltung, die sich auf einem dünnen, meist einige Millimeter großen Plättchen aus Halbleitermaterial befindet. Und somit gilt das Ganze laut Elektro- und Elektronikgerätegesetz als Elektrogerät. Aus diesem Grund weist das Symbol einer durchgestrichenen Mülltonne auf der Karte darauf hin, dass sie nicht mit dem Hausmüll entsorgt werden darf. Stattdessen sollten nicht mehr genutzte Karten zu einem Wertstoffhof oder einer anderen Sammelstelle für Elektrogeräte gebracht werden, wo sie dem Recycling zugeführt werden. Das trägt letztlich dazu bei, natürliche Ressourcen effektiv zu nutzen.

Damit die auf der Karte gespeicherten Daten dabei nicht in die falschen Hände geraten, ist es ratsam, die sensiblen Informationen darauf vor Abgabe bei einer Sammelstelle unkenntlich zu machen. Am besten sollte die Karte zerschnitten oder mit einem geeigneten Aktenvernichter zerkleinert werden. Chip und Magnetstreifen sollten dabei zerstört und alle lesbaren persönlichen Daten wie Name, IBAN, Kreditkartennummer und Sicherheitscode unkenntlich gemacht werden.

77.

Wenn in Italien von »Mäuseschwänzchen« die Rede ist, geht es um die …?

A: Alkoholmenge in Tiramisu

B: Zubereitung von Espresso

C: Länge von Spaghetti

B: Zubereitung von Espresso

Das Geheimnis der Zubereitung eines perfekten Espressos besteht in den vier großen M: Mischung des Kaffees, Mühle, Maschine und Mensch. Doch eigentlich müsste noch ein fünftes M hinzukommen: das Mäuseschwänzchen. Auf Italienisch heißt das »coda del topolino«. So wird die Form des Espressostrahls bezeichnet, der aus dem Siebträger in die Tasse fließt. Er sollte an einem Stück, fein und ohne Unterbrechung aus der Maschine kommen und – genau – einem Mäuseschwänzchen ähneln. Idealerweise sollte der Espresso – übersetzt bedeutet das übrigens »ausgedrückt« – eine leichte Kurve machen, wenn er den Auslauf verlässt.

Sobald diese Kurve nachlässt, wird der Bezug wässrig. Ein etwas dickeres Mäuseschwänzchen deutet auf eine gute Cremabildung hin. Ist der Kaffee zu fein gemahlen, reißt der Faden. Im Idealfall erhält er eine feste und haselnussbraune Crema. Eine weitere zentrale Größe für das perfekte Heißgetränk ist die Zeit. Etwa 25 Sekunden sollte der Kaffee aus dem Siebträger fließen, um 25 Milliliter Espresso zu bekommen. In Italien gibt es sogar spezielle Regelwerke für die richtige Zubereitung. Dafür steht das Konsortium zum Schutz des Traditionellen Italienischen Espressos, kurz: CTCEIT. Es empfiehlt zum Beispiel für eine Tasse sieben bis neun Gramm Kaffee bei optimalen 90 bis 96 Grad Wassertemperatur. Und »perfetto« ist der Espresso endgültig, wenn die Crema zwei Minuten stehen bleibt. Na denn: Wohl bekomm's!

78.

Zauberkünstler David Copperfield konnte Kriminelle im April 2006 davon abhalten, ihn auszurauben, indem er …?

A: durch eine Tricktechnik seine vollen Taschen leer vorzeigte

B: sie mit Spiegeln im Inneren seines Sakkos blendete und floh

C: ein Frettchen aus seinem Hut zog, vor dem die Täter Angst bekamen

A: durch eine Tricktechnik seine vollen Taschen leer vorzeigte

Da ist ein Räuberquartett aber mal so was von an den Falschen geraten! Als der 18-jährige Kleinkriminelle »The Kentuckian« und seine drei gleichaltrigen Mitganoven einem Herrn und zwei Damen auf einer Straße in Palm Beach in Florida begegneten, zückten sie ihre Knarren und forderten Geldbörsen, Pässe und Handys. Doch bei dem überfallenen Trio handelte es sich um keine Geringeren als den weltberühmten US-amerikanischen Zauberkünstler David Copperfield und seine beiden Assistentinnen Cathy Daley und Mia Volmut, die auf dem Weg von einer Show zu ihrem Tourbus waren.

Während die beiden Damen den Gangstern ihre Wertgegenstände aushändigten, griff Copperfield zu einem Trick und zeigte seine scheinbar leeren Hosentaschen. In Wirklichkeit trug er Geldbörse und Telefon bei sich. Die enttäuschten Räuber flüchteten daraufhin genervt in einem Auto, doch Copperfield und seine Begleiterinnen merkten sich das Nummernschild, was zur baldigen Festnahme der Täter führte. »Das war ein umgekehrter Taschendiebstahl«, scherzte der Magier gegenüber der amerikanischen Zeitung »The Palm Beach Post«. Zuerst habe er sie für Autogrammjäger gehalten. Doch dann sei plötzlich eine Waffe genau auf seinen Kopf gerichtet worden. Copperfield sei trotzdem cool geblieben: »Ich arbeite ziemlich gut unter Druck. Das ist mein Job.«

79.

Die neuartige »eSIM«-Karte für Smartphones …?

A: sorgt selbst in ländlichen Regionen für 5G-Empfang

B: lässt sich bei Anbieterwechsel online mit neuen Daten überschreiben

C: ist gleichzeitig eine zusätzliche Minifestplatte für Daten

B: lässt sich bei Anbieterwechsel online mit neuen Daten überschreiben

Wer kennt nicht das Gefrickel, wenn beim Wechsel des Handytarifs oder Gerätes eine SIM-Karte ausgewechselt werden muss? Ob Mini-SIM, Micro-SIM oder Nano-SIM: Man braucht schon eine ruhige Hand, ehe die winzigen Teile im neuen Smartphone, Tablet oder der Smartwatch wieder so sitzen, wie es sich gehört. Doch deren Zeit scheint nun langsam, aber sicher abzulaufen. Denn seit 2015 gibt es die »embeddedSIM«, kurz »eSIM«. Sie enthält die gleichen Nutzerdaten wie eine herkömmliche SIM-Karte, ist aber fest im Endgerät verbaut. Daher erklärt sich auch das »e« für »embedded«, übersetzt: »integriert«.

Die neue Karte ist bereits mit den meisten aktuellen Smartphone-Modellen der größten Anbieter nutzbar, egal ob mit Vertrag oder Prepaidtarif. Sie ersetzt auf diese Weise austauschbare SIM-Karten. Ihr großer Vorteil: Bei einem Anbieter- oder Gerätewechsel muss man nicht mehr auf eine neue SIM-Karte warten und dann die alte auswechseln. Denn die eSIM lässt sich online mit den neuen Daten unkompliziert überschreiben, und sie ist auch mit den herkömmlichen SIM-Karten kompatibel. Auf diese Weise erübrigt sich künftig auch meist der Gang in den Handyladen.

80.

Knacken, ziehen, lösen – auf diese Weise lässt sich ganz einfach …?

A: eine Blisterverpackung von Elektrogeräten ohne Hilfsmittel öffnen

B: das Binden einer Schleife erlernen

C: eine Nordseekrabbe pulen

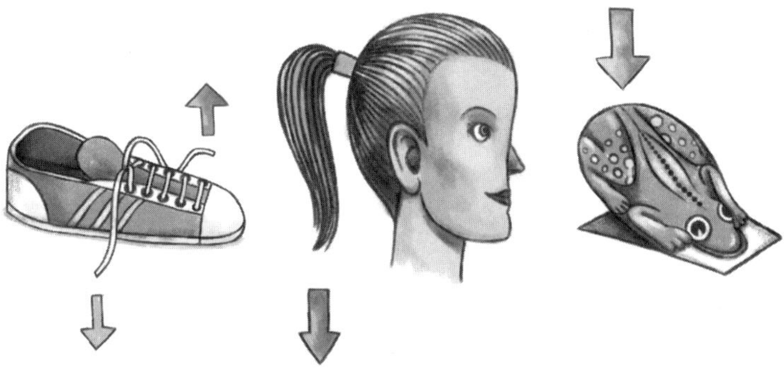

C: eine Nordseekrabbe pulen

Sie sind eigentlich Garnelen und gehören zu den Zehnfußkrebsen: Nordseekrabben. Ihr nussig schmeckendes Fleisch macht sie zum kulinarischen Symbol der Nordseeküste. Rund 30 000 Tonnen werden jährlich aus der Nordsee gefischt, wo sie über sandigem Grund leben. Ob pur auf frischem Schwarzbrot, mit Rührei oder mit paniertem Schollenfilet – die kleinen Krebse schmecken einfach lecker. Allerdings müssen sie zunächst einmal von ihrem Panzer befreit werden. Und das funktioniert mit dem Dreischritt »Knacken, ziehen, lösen«.

Zunächst wird der Kopf zwischen Daumen und Zeigefinger gelegt und der Körper leicht gedreht, sodass der Panzer knackt. Dann muss der Hinterleib vorsichtig aus der Schale gezogen werden. Im letzten Schritt gilt es, das saftige Fleisch vom Kopf zu lösen, ehe es zum Verzehr bereit ist. Um hundert Gramm Krabbenfleisch zu erzielen, muss man etwa 300 Gramm Krabben kaufen. Übrigens: Wurde das Krabbenpulen – wenn man es nicht selbst macht – früher vor allem an der Nordseeküste in Heimarbeit übernommen, so geschieht das inzwischen zu 95 Prozent im fernen Ausland, von Marokko bis Weißrussland.

81.

Woran lässt sich erkennen, ob ein LED-Leuchtmittel qualitativ hochwertig ist?

A: Es wiegt mehr als ein vergleichbares LED-Leuchtmittel.

B: Es ist kleiner als LED-Leuchtmittel mit derselben Lumenzahl.

C: Die Fassung hat am unteren Ende einen roten Gummiring.

A: Es wiegt mehr als ein vergleichbares LED-Leuchtmittel.

Als der Engländer Henry Joseph Round im Jahr 1907 entdeckt, dass anorganische Stoffe unter elektrischer Spannung leuchten können, beginnt die Geschichte der LED – eine Abkürzung für Leuchtdioden. Seit der Erfindung der Glühlampe hat kein anderes Leuchtmittel den Lichtmarkt so nachhaltig revolutioniert wie diese LED. Mit der Entwicklung des Transistors wird zu Beginn der 1950er-Jahre ein wichtiger technischer Fortschritt in der Halbleiterphysik erreicht. Ab den 1970er-Jahren gibt es LEDs in den buntesten Farben, etwa in Uhren und Taschenrechnern. Im Jahr 2014 erhalten drei Japaner den Nobelpreis für Physik für die »Erfindung effizienter blauer Leuchtdioden«.

Heute sind LEDs in nahezu allen Lichtanwendungen dominierend. Je hochwertiger ein LED-Leuchtmittel ist, desto länger ist seine Lebensdauer. Laut der Stiftung Warentest halten mit »gut« bewertete LED-Lampen mehr als 30 000 Brennstunden. Da beim Leuchten einer LED in ihrem Inneren viel Wärme entsteht, muss sie irgendwie abgeleitet werden. Dies geschieht durch einen Kühlkörper aus Metall. Je mehr Metall verbaut ist, desto schwerer wird die LED. Aber umso besser kann auch ihre Abwärme abgegeben werden. Die logische Folge: Je hochwertiger ein LED- Leuchtmittel ist, umso mehr wiegt es auch.

82.

Laut neuesten Entdeckungen waren Steinzeitmenschen dazu imstande, …?

A: durch eine Art Dynamit Gänge in Felsen zu sprengen

B: mithilfe von Bambusrohren und Windzügen in Höhlen »staubzusaugen«

C: durch ein Destillationsverfahren einen Superkleber herzustellen

C: durch ein Destillationsverfahren einen Superkleber herzustellen

Schon vor langer Zeit entwickelten Menschen natürliche Stoffe, um Dinge aneinanderzukleben, lange bevor findige Köpfe künstliche Klebstoffe erfunden haben. Zu den frühen natürlichen Mitteln zählten etwa das in vielen Pflanzen vorkommende Latex sowie unterschiedliche Baumharze. Jetzt sind Forschende der Eberhard Karls Universität Tübingen und der Universität Kapstadt einem prähistorischen Klebstoff auf die Spur gekommen, der als einer der ältesten der Welt gilt. Dabei kamen sie zu dem Schluss, dass Steinzeitmenschen Kenntnisse über thermische Trennverfahren gehabt haben mussten.

Die Forschenden entdeckten nämlich an verschiedenen mittelsteinzeitlichen Fundorten in Südafrika diverse mehr als 100 000 Jahre alte Klebstoffrückstände, vor allem an Steinwerkzeugen. Sie fanden heraus, dass dieser Stoff, anders als zum Beispiel Baumharz, nicht von selbst klebte, sondern einem Destillationsvorgang ausgesetzt worden war. Der Stoff wurde aus den Blättern der Steineibe gewonnen, was nicht ohne Weiteres möglich ist. Daraus folgerte der Archäologe Patrick Schmidt, Hauptautor der Studie: »Die Menschen wählten Materialien nicht nach deren Eigenschaften aus, sondern veränderten das vorhandene Material.« Dies beweise das »innovative Potenzial, Geschick und Wissen« des frühen Homo sapiens – und wie erfinderisch der Mensch bereits vor sehr langer Zeit war.

83.

Beim unter Kunstexperten bekannten »Take-away-Rembrandt« handelt es sich um ein Werk Rembrandts, das …?

A: seit 2020 wöchentlich ausleihbar ist

B: viermal aus derselben Galerie gestohlen wurde

C: 70 Jahre lang unerkannt in einem Rotterdamer Restaurant hing

B: viermal aus derselben Galerie gestohlen wurde

1632 schuf der Maler Rembrandt van Rijn ein Porträt des niederländischen Graveurs Jacob de Gheyn III., seines Zeichens Sohn des Utrechter Domherrn. Das Ölgemälde war eines von zwei gleichformatigen Bildern. Diese wurden vermutlich von de Gheyn und seinem Freund, dem Sekretär des Den Haager Staatsrats, Maurits Huygens, in Auftrag gegeben – mit der Maßgabe, dass, wer von beiden den anderen überleben würde, der Besitzer beider Gemälde wird. De Gheyn starb 1641, Huygens ein Jahr später. Danach wurden auch die Werke getrennt. Das Huygens-Porträt findet sich heute in der Hamburger Kunsthalle, das Porträt von Jacob de Gheyn III. wurde im 19. Jahrhundert in die Kollektion der Londoner Dulwich Picture Gallery aufgenommen.

1966 verschwand es spurlos, zusammen mit sieben weiteren Werken. Das Gemälde wurde im darauffolgenden Jahr wiedergefunden und an die Galerie zurückgegeben. Es erfolgten allerdings drei weitere Diebstähle – in den Jahren 1973, 1981 und 1983. Das mag nicht sehr verwunderlich sein, denn das Objekt der Begierde ist gerade einmal ca. 30 × 25 cm groß. Somit wurde das Werk insgesamt viermal aus derselben Galerie gestohlen, was ihm den Spitznamen »Take-away-Rembrandt«, zu Deutsch »Rembrandt zum Mitnehmen«, eingebracht hat. Damit schaffte es dieses kleine Meisterwerk unter anderem ins Guinness-Buch der Rekorde. Zum Glück ist es jedoch immer wieder aufgetaucht.

84.

Damit das James-Webb-Weltraumteleskop Informationen von fernen Planeten empfangen kann, …?

A: schützt es ein tennisplatzgroßes Sonnensegel vor Hitzestrahlung

B: wird es außen von über 200 Ventilatoren mit Windkraft versorgt

C: muss es sich langsam, aber stetig um die eigene Achse drehen

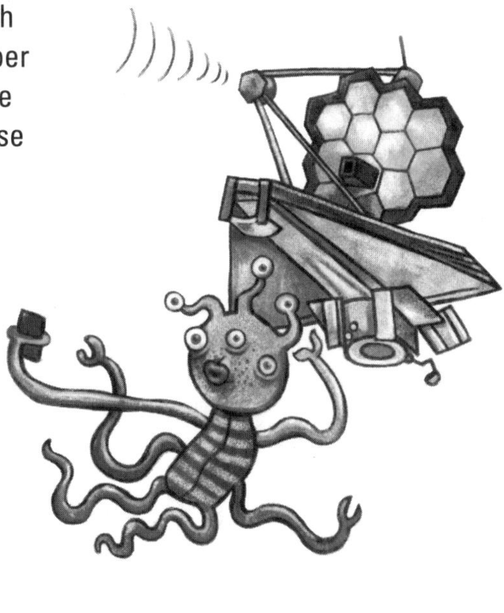

A: schützt es ein tennisplatzgroßes Sonnensegel vor Hitzestrahlung

Am 25. Dezember 2021, also am ersten Weihnachtsfeiertag, wurde das James-Webb-Weltraumteleskop (James Webb Space Telescope, kurz: JWST) ins Weltall geschossen. Einen Monat später nahm es 1,5 Millionen Kilometer von der Erde entfernt seine Arbeit auf, und das ziemlich erfolgreich. So kürte die renommierte Fachzeitschrift »Science« das Teleskop zum größten wissenschaftlichen Durchbruch des Jahres und nannte es, angelehnt an einen James-Bond-Film, »Golden Eye«. Fast zwei Jahrzehnte arbeiteten die Weltraumagenturen NASA (USA), ESA (Europa) und CSA (Kanada) gemeinsam an diesem Nachfolger des legendären Hubble- und des Spitzer-Weltraumteleskops.

Nun steht das JWST an einem von gerade einmal fünf existierenden gravitativ stabilen Punkten in unserem Sonnensystem. Dort kann es mithilfe von Infrarot, also Wärmestrahlung, über sichtbares Licht hinaus durch dichte kosmische Nebel schauen und detaillierte Aufnahmen von entfernten Galaxien zur Erde schicken. Um die Wärmestrahlung der Sterne sichtbar zu machen, muss ein gewaltiger Temperaturunterschied zwischen Kamera und den beobachteten Objekten herrschen. Deswegen schirmt ein tennisplatzgroßes Sonnensegel an der Konstruktion zusätzliche Wärmestrahlung der Sonne ab, sodass um das Teleskop eine Temperatur von minus 230 Grad Celsius herrscht.

TRICK 17

Damit Bodylotion schneller einzieht, sollte …?

A: sie nach der Dusche auf die feuchte Haut aufgetragen werden

B: die Haut vorher leicht mit Ananassaft benetzt werden

C: die Haut vorher kurz angeföhnt werden

A: sie nach der Dusche auf die feuchte Haut aufgetragen werden

Duschen, abtrocknen, Lotion auftragen ... Bei dieser Körperpflegeroutine ist nicht viel falsch zu machen, sollte man meinen. Oder doch? Tatsächlich gibt es etwas zu beachten: Nach dem Duschen sollte man sich nicht gründlich abtrocknen, sondern das Wasser nur mit dem Handtuch abtupfen. Die menschliche Haut weicht nämlich beim Duschen durch das warme Wasser auf, und die Poren öffnen sich. Gleichzeitig löst sich der schützende Fettfilm auf der Haut – durch Abrubbeln würde dies noch verstärkt. Wird nach dem Abtupfen die Bodylotion auf die noch feuchte Haut aufgetragen, so kann sie schneller einziehen, ohne dabei einen Fettfilm auf der Haut zu hinterlassen. Auch Feuchthaltemittel wie Glycerin oder Panthenol durchdringen feuchte Haut so deutlich besser.

Eine Einschränkung gibt es allerdings, was das Trockentupfen betrifft: Enthält die Bodylotion reizende Essenzen wie den Anti-Aging-Wirkstoff Retinol oder Fruchtsäure, so sollte die Haut vor dem Auftragen tatsächlich wirklich trocken sein. Diese Wirkstoffe können sonst zu stark eindringen und die Hautbarriere schädigen.

85.

Warum ist Ahimsa-Seide meist teurer als konventionelle Seide und hat eine unregelmäßige Struktur?

A: Die Raupenart Ahimsa verpuppt sich in wellenförmigen Kokons.

B: Die ätherischen Öle im Futter lassen die Seidenfäden aufquellen.

C: Die Kokons werden erst nach dem Schlüpfen der Raupen verarbeitet.

C: Die Kokons werden erst nach dem Schlüpfen der Raupen verarbeitet.

Es gibt nur eine einzige natürliche textile Endlosfaser auf unserem Planeten: Seide. Sie besteht hauptsächlich aus Protein. Ursprünglich aus China kommend, ist dieser Stoff vermutlich schon seit rund 5000 Jahren bekannt. 95 Prozent der Naturseide stammen von einem Schmetterling namens Echter Seidenspinner, auch Maulbeerspinner genannt. Bei der klassischen Seidenproduktion werden dessen Seidenraupenkokons in Wasser gekocht, wobei die Puppe im Innern nicht überlebt. So soll verhindert werden, dass der Faden beim Schlüpfen des Falters zerstört wird.

Ahimsa-Seide hingegen wird vom Tussah-Seidenspinner gewonnen und auch Wildseide genannt. »Ahimsa« ist Sanskrit und bedeutet »nicht verletzen«. Der indische Ingenieur Kusuma Rajaiah entwickelte die seit 2002 patentierte Methode, Seide herzustellen, ohne die Puppen in kochendem Wasser töten zu müssen. Inspiriert wurde er von Mahatma Gandhis Philosophie der Gewaltlosigkeit. Deswegen wird diese Seide auch Friedensseide genannt. Dabei wird abgewartet, bis die Falter aus den Kokons geschlüpft sind. Dies hat jedoch zur Folge, dass die Kokons beschädigt werden und der Faden nicht mehr als Ganzes abgewickelt werden kann. Die kürzeren Fäden machen allerdings die Weiterverarbeitung komplizierter und aufwendiger. Das erklärt den höheren Preis der Ahimsa-Seide und ihre unregelmäßigere Struktur.

86.

Vogelkot, wie der von Tauben, ist besonders schwer von Hauswänden oder Statuen zu entfernen, weil er ...?

A: auf Steinuntergrund schneller trocknet als auf Holz

B: aus konzentrierter Harnsäure besteht

C: nach einer Reaktion mit Sauerstoff Gerbstoffe bildet

B: aus konzentrierter Harnsäure besteht

Er findet sich überall – auf Hauswänden oder Denkmälern, Autodächern oder Parkbänken: Vogelkot. Egal ob große Batzen Taubendreck oder kleine Meisenköttel – das Zeug ist nervig, hartnäckig und gesundheitsgefährdend. Doch warum ist Vogeldreck so schwer zu entfernen? Nun, dieser Brei ist in großen Teilen überhaupt kein Kot, sondern halbfester Urin. Denn Vögel sondern anders als Menschen und andere Säugetiere keinen flüssigen gelben Harnstoff ab. Stattdessen scheiden sie aus ihrer Kloake – so heißt ihr gemeinsamer Ausgang für Darm, Harnleiter und Geschlechtsorgan – vor allem zähflüssige und konzentrierte Harnsäure aus. Lediglich der dunkle kleine Haufen in der Mitte des Breis ist der eigentliche Kot.

Diese Harnsäure, die sich beim Abbau von Eiweiß in den Nieren bildet, ist dann auch das eigentliche Problem. Sie besteht aus winzigen weißen Kristallen und ist nur schwer wasserlöslich. Zudem ist sie ätzend und somit vor allem der Feind aller Autobesitzer und -besitzerinnen. Zu schlechter Letzt enthält die Hinterlassenschaft der Vögel häufig auch noch gefährliche Keime. Um sie loszuwerden, reicht anfangs lauwarmes Wasser mit einem sanften Reinigungsmittel. In hartnäckigen Fällen braucht man Allzweck- oder Hochdruckreiniger. Auf alle Fälle ist es ratsam, bei der Arbeit Haushaltshandschuhe anzuziehen, um sich nicht mit Keimen anzustecken.

87.

Die Kabinettssitzung vom 14. Mai 1974 ging in die Geschichte der Bundesrepublik ein, weil sie die erste und einzige war, …?

A: die auf der Wiese vor dem Bonner Regierungsgebäude stattfand

B: bei der der Bundestrainer Helmut Schön mit am Tisch saß

C: die Walter Scheel als Bundeskanzler leitete

C: die Walter Scheel als Bundeskanzler leitete

Als Willy Brandt am 7. Mai 1974 zurücktrat, stand Deutschland ohne Bundeskanzler da. Doch wie sieht es in so einem Fall mit der Nachfolge aus? Im Grundgesetz steht sinngemäß: Tritt ein Kanzler oder eine Kanzlerin zurück oder stirbt er oder sie plötzlich, ist dies auch das Ende der Bundesregierung. Der Bundestag muss einen Nachfolger wählen, was natürlich ein paar Tage Vorbereitung benötigt. In unserem – bis heute einmaligen – Fall übernahm Außenminister und Vizekanzler Walter Scheel das Amt auf Ersuchen von Bundespräsident Gustav Heinemann vorübergehend, bis zur Wahl des Nachfolgers. Er hatte es für gerade einmal zehn Tage inne, vom 7. bis 16. Mai 1974.

Da für den 14. Mai eine Kabinettssitzung im Bundeskanzleramt in Bonn angesetzt war, leitete Scheel jene Sitzung. Sie dauerte laut Kabinettsprotokoll gerade einmal 30 Minuten, ohne dass etwas Wichtiges beschlossen werden musste. Schon die nächste Sitzung am 20. Mai wurde von Helmut Schmidt geleitet. Der war vier Tage zuvor vom Bundestag zum neuen Bundeskanzler gewählt worden. Noch einen Tag zuvor war Walter Scheel zum vierten Bundespräsidenten der Bundesrepublik Deutschland gewählt worden und trat sein Amt am 1. Juli an.

88.

Heimische Baumarten wie die Tanne oder die Kiefer …?

A: wachsen nur an durchschnittlich 29 bis 77 Tagen im Jahr

B: haben in der Stadt eine höhere Lebenserwartung als auf dem Land

C: tragen mehr Samen, je dichter sie an invasiven Arten stehen

A: wachsen nur an durchschnittlich 29 bis 77 Tagen im Jahr

Falls jemand Zeit und Geduld aufbrächte, heimischen Bäumen beim Wachsen zuzusehen, würde er sich vermutlich wundern. Denn anders als erwartet wachsen Bäume nur wenige Tage im Jahr, und zwar hauptsächlich zwischen April und Juni. Das hat ein Schweizer Forschungsteam der Eidgenössischen Forschungsanstalt für Wald, Schnee und Landschaft in einer langjährigen Studie herausgefunden. »Rekordhalter« ist demnach die Weißtanne mit durchschnittlich 77 Tagen, während etwa die Waldkiefer im Schnitt nur an 29 Tagen im Jahr wächst.

Zur Überraschung der Forschenden findet das Wachstum zudem hauptsächlich bei Dunkelheit statt. Denn bei Tag wird Wachstum durch die trockenere Luft gehemmt. Das gilt auch, wenn der Boden feucht ist. Umgekehrt wachsen Bäume auch bei trockenem Boden, solange die Luft ausreichend feucht ist. Bei trockener Luft dagegen »schwitzen« die Bäume vorübergehend mehr Wasser aus, als sie über ihre Wurzeln aufnehmen können. Der Baum gerät unter Spannung, das Wasserpotenzial im Stamm sinkt, sein Wachstum hört auf. Diese Erkenntnisse ermöglichen eine neue Sichtweise auf die Auswirkungen des Klimawandels auf Wälder. Dies gilt speziell im Hinblick auf Vorhersagen ihrer Kohlenstoffspeicherung unter immer trockeneren Bedingungen.

89.

Die kleine, längliche, dreieckige Vertiefung an der Daumenseite der Handwurzel wird auch Tabatière genannt, weil sie ...?

A: ein genaues Abschmecken von Tabascosoße ermöglicht

B: beim Spielen eines Tamburins besonders gut sichtbar ist

C: zur Portionierung von Schnupftabak benutzt wird

C: zur Portionierung von Schnupftabak benutzt wird

Es gibt sie in allen möglichen Formen und Qualitäten: Schnupftabaksdosen, auch Tabatière genannt. Im 18. Jahrhundert, als das Schnupfen die vornehmste Möglichkeit war, Tabak zu genießen, benutzte der Adel am liebsten goldene Döschen, wenn möglich verziert mit Edelsteinen. Das gemeine Volk verwahrte seinen Tabak in Behältern aus Stein, Metall, ja sogar Knochen. Geschnupft wurde mithilfe von Daumen und Zeigefinger oder durch eine Vertiefung der Hand: die sogenannte Foveola radialis. Diese kleine dreieckige Vertiefung an der Daumenseite der Handwurzel ist besonders gut erkennbar, wenn alle Finger gestreckt gehalten werden und der Daumen abgespreizt wird. Sie erhielt dann auch bald den Namen Tabatière, denn in ihr ließ sich der Schnupftabak bestens verstauen.

Durch die europaweit immer strengeren Rauchverbote kommt Tabakschnupfen wieder mehr in Mode. In Deutschland existiert rund ein halbes Dutzend Unternehmen, das von diesem Tabak jährlich rund 260 Tonnen herstellt. In Süddeutschland, Österreich und der Schweiz wird der sogenannte Schmalzler bevorzugt. In anderen Gegenden ist vor allem der ursprünglich aus England stammende Snuff beliebt. In jedem Fall gilt: Nicht zu viel in die Tabatière legen und zu hastig in die Nase ziehen, denn das kann zu einem heftigen Niesreflex führen.

90.

Indem der Student William Fleet Robertson im Jahre 1877 einen Gummiball durchschnitt, …?

A: trug er entscheidend zur Erfindung der Muffinbackform bei

B: konnten Türen davor bewahrt werden, gegen Wände zu knallen

C: revolutionierte er den Eishockeysport

C: revolutionierte er den Eishockeysport

Glaubt man den Chroniken der McGill University in Montreal, wurde in einer Halle dieser renommierten kanadischen Hochschule am 3. März 1875 das erste organisierte Eishockeyspiel ausgetragen. Etwa 500 Menschen sollen damals zugeschaut haben. Anfangs spielte man noch mit einem Ball aus Hartgummi. Dieser besaß den Nachteil, immer wieder über die Außenbegrenzung zu hüpfen, und bescherte so dem Spiel ständig nervige Unterbrechungen. Und so kam zwei Jahre später ein gewisser William Fleet Robertson, seines Zeichens Student dieser Universität, auf die Idee, den Ball oben und unten zu beschneiden. Auf diese Weise entstand letztlich der Puck, das bis heute gängige Spielgerät.

Das Oxford English Dictionary klärt uns darüber auf, dass der Begriff »Puck« vom schottisch-gälischen Wort »poc« abstammt und »Schlag«, »Schuss« oder »Stoß« bedeutet. Heute besteht der Puck meist aus synthetischem Kautschuk. Er hat einen Durchmesser von 7,62 cm, eine Höhe von 2,54 cm und wiegt zwischen 156 und 170 Gramm. Mit diesem Spielgerät können übrigens Geschwindigkeiten bis zu 175 km/h erreicht werden – keine ganz ungefährliche Angelegenheit für Mitspielende und Publikum, falls ein Schuss mal eine unvorhergesehene Richtung nimmt.

91.

Daniel Fahrenheit orientierte sich bei der nach ihm benannten Fahrenheitskala für den unteren Fixpunkt 0 °F an der …?

A: fehlberechneten Temperatur für das Gefrieren von Atemluft

B: vermeintlich kältesten möglichen Temperatur auf der Erde

C: vermuteten Temperatur, bei der sich Sauerstoff verflüssigt

B: vermeintlich kältesten möglichen Temperatur auf der Erde

Der in Danzig geborene deutsche Physiker Daniel Gabriel Fahrenheit (1686–1736) entwickelte um 1714 mit einem Quecksilberthermometer als Erster ein präzises Messgerät für Temperaturen. Um negative Werte zu vermeiden, wählte er als Nullpunkt seiner Skala die niedrigste Temperatur, die er mit einer Mischung aus Eis, Wasser und Salz erzeugen konnte und von der er (irrtümlich) annahm, dass sie auf der Erde nicht zu unterbieten sei. Die von ihm gemessenen null Grad Fahrenheit entsprechen minus 17,8 Grad Celsius.

Seine Skala war bis ins frühe 19. Jahrhundert in Europa weit verbreitet, ehe sie nach der Durchsetzung des metrischen Systems von der Celsius-Skala abgelöst wurde. Bis heute wird die Fahrenheit-Skala in den USA und einigen anderen Ländern angewandt. Übrigens: Die theoretisch kälteste Temperatur, die nicht unterschritten werden kann, beträgt minus 273,15 Grad Celsius (übrigens der Nullpunkt der Temperatureinheit Kelvin). Die niedrigste auf unserem Planeten festgestellte Temperatur wurde im Juni 1983 an der russischen Forschungsstation Wostok in der Ostantarktis gemessen. Sie betrug minus 89,2 Grad Celsius.

92.

Was testete die norwegische Prinzessin Märtha Louise als Kind in einem Selbstversuch?

A: Schlafen auf einer Erbse, weil sie sehr sensibel war

B: Spinnen von Stroh zu Gold, weil sie als hochbegabt galt

C: Essen eines vergifteten Apfels, weil sie sich für unsterblich hielt

A: Schlafen auf einer Erbse, weil sie sehr sensibel war

Ein berühmter Spruch von Wilhelm Busch lässt sich durchaus auf Märtha Louise abwandeln, die älteste Tochter des norwegischen Königspaares Harald V. und Sonja: »Prinzessin werden ist nicht schwer, Prinzessin sein dagegen sehr.« So erzählte die damals 46-Jährige im Jahr 2018, sie habe als Kind geglaubt, die Prinzessin auf der Erbse aus dem gleichnamigen Märchen von Hans Christian Andersen zu sein. Mit acht Jahren habe sie sich deshalb eine Erbse unter ihre Matratze geschoben, um herauszufinden, ob sie das Gleiche empfinde wie jene Prinzessin. Denn sie würde als hochsensibler Mensch mehr Dinge wahrnehmen als andere. Allerdings habe sie in besagter Nacht tief und fest geschlafen und sei am anderen Morgen frustriert gewesen, weil sie die Erbse nicht gespürt habe.

Die Königstochter schreibt in mehreren Büchern über ihren Kontakt zu Engeln, gründete zudem eine »Engelsschule« und ein esoterisches Therapiezentrum, in dem Kurse für Selbstheilung und Kommunikation mit Engeln und Toten angeboten werden. Seit 2022 nimmt sie keine offiziellen Aufgaben des Königshauses mehr wahr und nutzt ihren Prinzessinnentitel auch nicht mehr für kommerzielle Zwecke.

93.

Der FC Bundestag, der 2022 inoffizieller Europameister wurde, ...?

A: muss in seinem Kader das Ergebnis der letzten Wahl abbilden

B: darf bei Spielen die offiziellen Trikots des DFB tragen

C: kann für Turniere drei Profispieler aus der Bundesliga berufen

B: darf bei Spielen die offiziellen Trikots des DFB tragen

Diese Namen kennt man eigentlich in einem anderen Zusammenhang: Joschka Fischer, Franz Müntefering, Peter Ramsauer, Wolfgang Schäuble, Rudolf Scharping, Andreas Scheuer, Gerhard Schröder, Peter Struck, Klaus Töpfer oder Theo Waigel. Was diese prominenten Politiker verbindet: Sie waren alle einmal aktive Spieler des FC Bundestag, den es seit 1961 gibt. Zehn Jahre später wurde eine Europameisterschaft der Parlamentarier ins Leben gerufen, die alljährlich am Christi-Himmelfahrt-Wochenende ausgetragen wird. Bei diesem Miniturnier treffen Parlamentsmannschaften aus Österreich, der Schweiz, Finnland und Deutschland aufeinander.

Symbolisch bedeutsam ist es, dass die Bundestagstruppe als einziges Team außer den DFB-Mannschaften in den offiziellen Trikots der deutschen Nationalmannschaft auflaufen darf. Dabei sind die Politiker zuletzt um einiges erfolgreicher als die Profikicker, denn bei der 49. Austragung im Jahr 2022 im finnischen Lahti haben sie ihren elften Titel gewonnen. Der 50. Wettbewerb findet 2023 in Österreich statt, wo man das Dutzend voll machen will. Zur Vorbereitung spielen die Parlamentarier von März bis Oktober in den Sitzungswochen des Parlaments immer dienstags im Friedrich-Ludwig-Jahn-Sportpark in Berlin gegen andere Freizeitfußballer. Dabei zählen der Spaß am Spiel und die Kontaktpflege jenseits des politischen Alltags mehr als Ergebnisse und Tore.

94.

Warum kann fast jeder Mensch ein echtes von einem falschen Lachen unterscheiden?

A: Das echte Lachen klingt weniger nach tierischen Lauten.

B: Beim echten Lachen entstehen höhere und variablere Töne.

C: Das echte Lachen dauert länger an als das falsche.

B: Beim echten Lachen entstehen höhere und variablere Töne.

Diese Situation kennt fast jeder Mensch: Wir haben eine vermeintlich humorvolle Bemerkung oder einen Witz erzählt und sind uns nicht ganz sicher, ob unser Gegenüber wirklich herzhaft darüber lacht oder ob das Gelächter nur vorgespielt ist. Eine groß angelegte Studie eines Forschungsteams der University of California in Los Angeles aus dem Jahr 2018 hat ergeben: Zwei Drittel der Menschen können falsche Lacher erkennen. Dabei spielt die Herkunft keine große Rolle. Insgesamt 900 Testpersonen aus 21 Ländern wurden akustische Aufnahmen von spontanen und falschen Lachern vorgespielt. Dabei kam heraus, dass sich die Lacher aufgrund akustischer Merkmale unterscheiden. Demnach entstehen bei echtem Lachen höhere und in der Lautstärke variablere Töne als bei bewusst produziertem Lachen.

Spontanes Lachen entsteht unvermittelt. Es klingt deswegen mehr nach tierischen als nach menschlichen Lauten, da es sich um eine heftige und unkontrollierte Gemütsbewegung handelt. Demgegenüber wird absichtliches Lachen ähnlich wie unsere Sprache im Gehirn geplant und ahmt echtes Lachen lediglich nach. Nach Ansicht der Forschenden lässt sich authentisches Lachen nur schwer vortäuschen. Es schafft Vertrautheit zwischen Gesprächsbeteiligten, während erkanntes gespieltes Lachen eher für Distanz sorgt.

95.

Um die Steuereinnahmen zu erhöhen, hat die japanische Regierung 2022 eine Kampagne ins Leben gerufen, die …?

A: mit 250 000 neuen Pachinko-Hallen zum Glücksspiel anregt

B: alten Menschen dazu rät, Essen nicht selbst zuzubereiten

C: junge Menschen ermuntern soll, mehr Alkohol zu trinken

C: junge Menschen ermuntern soll, mehr Alkohol zu trinken

Eine beliebte Tradition in Japan ist das »Nomikai«, zu Deutsch: »Trinktreffen«. Vor allem zu Beginn der Wochenenden ist es Sitte, oft auf Geheiß der Führungskraft, gemeinsam in die Kneipe zu gehen. Das änderte sich jedoch zuletzt vor allem aufgrund der Corona-Pandemie grundlegend, da die Lokale schlicht und einfach geschlossen waren. Doch auch aus gesundheitlichen Gründen verzichten zunehmend vor allem jüngere Menschen in Japan auf den Genuss von Alkohol. Man fühlt sich nüchtern einfach fitter. Was die Mediziner erfreut, bringt den Fiskus in Nöte. Betrug vor rund zehn Jahren die Alkoholsteuer noch drei Prozent der gesamten Steuereinnahmen des Landes, ist es seit Pandemiebeginn nur mehr gut die Hälfte davon.

Deswegen überlegte sich die Regierung eine Kampagne mit dem Namen »Sake Viva!«. Sie zielt auf junge Japaner und Japanerinnen zwischen 20 und 39 Jahren, da man im Land der aufgehenden Sonne ab 20 Jahren legal Alkohol trinken darf. Die Zielgruppe war im Spätsommer 2022 dazu aufgerufen, Ideen zur Wiederbelebung des Alkoholkonsums zu entwickeln. Tatsächlich gab es knapp 300 Einsendungen, von denen sieben in die engere Wahl kamen. Ob davon etwas realisiert wird, scheint letztlich zweifelhaft. Denn vielleicht setzt sich doch die Erkenntnis durch, dass steigender Alkoholkonsum wachsende Gesundheitskosten und damit langfristig höhere Ausgaben für die Staatskasse bedeutet.

96.

Männchen der Spinnenart Philoponella prominens können sich katapultartig durch die Luft schleudern, um ...?

A: Kokons von Schmetterlingslarven aufzubrechen

B: Flüsse mit dem Wind segelnd zu überqueren

C: hungrigen Weibchen nach der Paarung zu entkommen

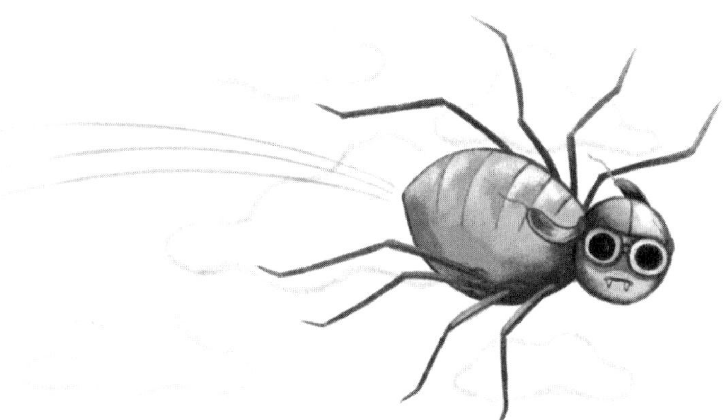

C: hungrigen Weibchen nach der Paarung zu entkommen

Die oft zitierte Schwarze Witwe ist das wohl berühmteste Beispiel dafür, dass viele Spinnenweibchen ihre Partner nach der Fortpflanzung auffressen. Sie benutzen sie als Nahrung oder um sich weitere Möglichkeiten der Paarung offenzuhalten. Diese Vorgehensweise wird sexueller Kannibalismus genannt. Da weibliche Spinnen normalerweise um einiges größer sind als ihre männlichen Partner, haben sie oft leichtes Spiel. Chinesische Forschende haben nun herausgefunden, wie es Männchen der Webspinnenart Philoponella prominens gelingt, ihrem Schicksal zu entkommen. Sie speichern in ihren vorderen Beingelenken Energie und können sich damit in Sekundenbruchteilen von einer gefräßigen Partnerin wegkatapultieren. Dabei sind sie während des effektiven Manövers durch einen Spinnenfaden abgesichert.

Die rund 3 Millimeter großen Spinnen stoßen sich wie Bungee-Springer mit einer Geschwindigkeit von 88 Zentimetern pro Sekunde ab. Zum Vergleich: Ein 1,80 Meter großer Mann müsste in derselben Zeit 530 Meter weit springen. Darüber hinaus rotieren die fliehenden Spinnen rund 175 Mal pro Sekunde um die eigene Achse. Nur drei von 155 beobachteten Spinnenmännchen konnten auf diese Weise nicht entkommen und wurden prompt gefressen. Das scheinbar Absurde: Nach ihrem Fluchtversuch kehren die Männchen zurück, um die Weibchen erneut zu begatten. Anscheinend wollen sie sichergehen, dass die Befruchtung tatsächlich erfolgreich ist.

97.

Warum gibt es im gregorianischen Kalender kein Jahr null?

A: Die neue Zeitrechnung sollte nicht mit einer »Lücke« beginnen.

B: Die Zahl war den Römern bei der Kalendereinführung nicht bekannt.

C: Wegen der Ähnlichkeit mit dem Omega wurde die Null übersprungen.

B: Die Zahl war den Römern bei der Kalendereinführung nicht bekannt.

Viele Jahrhunderte lang begann die »moderne« Zeitrechnung mit dem Jahr 284 n. Chr. Dies war das Jahr, in dem der römische Kaiser Diokletian an die Macht kam. Dem machte zweieinhalb Jahrhunderte später der römische Mönch Dionysius Exiguus ein Ende. Denn im Jahr 525 begründete jener fromme Mann die christliche Zeitrechnung.

Dieser Ansatz diente ab 1582 als Grundlage für den gregorianischen Kalender, benannt nach dem damaligen Papst Gregor XIII. Er ist bis heute das am meisten verbreitete Kalendersystem. Anders als in der astronomischen Zeitrechnung gibt es in dieser Jahreszählung jedoch kein Jahr null. Auf das Jahr eins vor Christus folgt in unserer Geschichtsschreibung das Jahr eins nach Christus. Grund dafür ist, dass Dionysius Exiguus die Zahl einfach noch nicht kannte. Sie stammt aus dem dezimalen Zahlensystem, das über Indien und Babylonien nach Griechenland gelangte und Italien erst im 13. Jahrhundert erreichte, wo sie der Mathematiker Leonardo Fibonacci etablierte. Es sollte aber noch bis ins 16. Jahrhundert dauern, bis durch den Mathematiker Adam Ries(e) das dezimale System auch bei uns populär wurde.

98.

Verbraucher sollten auf das FIS-Label bei Ski-Unterwäsche achten, das besagt, dass …?

A: die Fasern auch bei Minusgraden ihre Elastizität behalten

B: der Stoff schnittfest ist und vor scharfen Skikanten schützt

C: das Gewebe Feuchtigkeit nur nach außen abgibt

B: der Stoff schnittfest ist und vor scharfen Skikanten schützt

Man kann sich beim Skifahren auf verschiedene Arten verletzen. Doch nicht nur Stürze oder Kollisionen sind gefährlich – auch Schnittverletzungen durch teils messerscharfe Skikanten kommen nicht selten vor. Sie können im schlimmsten Fall sogar lebensbedrohlich sein, etwa wenn Blutgefäße betroffen sind. Nun wurde im Sommer 2022 ein neues Label vorgestellt. Es wurde von Forschenden der Deutschen Institute für Textil- und Faserforschung (DITF) in Denkendorf in Zusammenarbeit mit Textilherstellern und dem internationalen Skiverband FIS entwickelt. Mit ihm wird Schnittschutz-Unterwäsche für Skifahrende ausgezeichnet, wenn sie ein empfohlenes Mindestschutzniveau erreicht.

Um festzustellen, ob Unterbekleidung dieses Niveau erreicht, wird die Schnittfestigkeit des Materials akribisch getestet und anhand einer 5-Sterne-Skala bewertet. Dafür wird die Druckkraft geprüft, mit der die Skiunterwäsche von einer frisch geschliffenen Skikante durchtrennt wird. Der Stoff muss mindestens 20 cm Schnittlänge in einem Winkel von null, 45 und 90 Grad gegen die Skikante aushalten. Der Test simuliert einen Schnitt an einem Arm oder Bein mit einer Druckkraft von 100 bis zu 500 Newton (rund 50 kg). Für je rund 100 Newton bekommt die Unterwäsche einen Stern. Bis zu fünf Sterne sind möglich.

CLEVER!

Mithilfe eines Gefrierbeutels können …?

A: Signale des WLAN-Routers verstärkt werden

B: Badewannen rutschfest gemacht werden

C: Pellkartoffeln in fünf Minuten
in der Mikrowelle zubereitet werden

C: Pellkartoffeln in fünf Minuten in der Mikrowelle zubereitet werden

Wie oft steht man vor der schwierigen Aufgabe, in kürzester Zeit etwas Leckeres auf den Tisch zu zaubern? Da bieten sich beispielsweise Pellkartoffeln an. Mit einer Mikrowelle und einem Gefrierbeutel geht das ruckzuck. Während Pellkartoffeln normalerweise – je nach Größe – etwa 20 Minuten Kochzeit benötigen, verkürzt sich diese erheblich, wenn man auf den folgenden einfachen Trick zurückgreift.

Am besten eignen sich dazu eher kleinere Kartoffeln. Diese werden zunächst unter kaltem Wasser abgewaschen. Kaputte Stellen oder Augen sollten mit einem Messer entfernt werden. Danach gibt man die nassen Kartoffeln in den Gefrierbeutel und verschließt ihn mit einem Bindfaden. Wichtig ist, die Tüte nicht hermetisch zu schließen, sonst würde sich die Hitze darin stauen, und der Beutel könnte möglicherweise platzen. Es empfiehlt sich, wie das bei fertigen Mikrowellengerichten häufig der Fall ist, mit einem spitzen Messer mehrere kleine Löcher ins Plastik zu stechen. Anschließend wird der Beutel mit den Kartoffeln auf einem Teller für circa fünf Minuten auf höchster Stufe gegart. Sollte das Ergebnis noch nicht zufriedenstellend sein, verlängert man die Garzeit jeweils um eine Minute, bis die Kartoffeln bissfest sind.

99.

Die US-Behörde für Lebens- und Arzneimittel beschäftigte 99 Jahre lang sogenannte ...?

A: Broccoli Lovers, die für Rezepte mit grünem Gemüse warben

B: Tea Tasters, die jeden in die USA importierten Tee verkosteten

C: Gum Chewers, die Kaugummi auf Elastizität testeten

B: Tea Tasters, die jeden in die USA importierten Tee verkosteten

99 Jahre lang – von 1897 bis 1996 – gab es in den Vereinigten Staaten das Board of Tea Appeals, eine Regierungsbehörde, die sich speziell dem Tee verschrieben hatte. Ihre Hauptaufgabe bestand darin, die Qualität und Sicherheit des gesamten Tees zu gewährleisten, der in die USA importiert wurde. Dazu wurde der Tea Importation Act geschaffen, ein öffentliches Gesetz, das die Einfuhr von Tee mit übermäßigen Mengen an Fluorid, Schwermetallen, Oxalat und Pestiziden verbot. Nicht ohne Grund – denn es kam immer mal wieder vor, dass Blätter exotischer Pflanzen oder gar Schafmist unter die eingeführten Teeblätter gemischt waren. Das Gesetz legte deswegen einen einheitlichen Reinheits- und Qualitätsstandard fest.

In der Praxis sah das Ganze so aus, dass ein Vorstand von sieben (!) amtlich bestellten Teeverkostern darüber entschied, ob die Einfuhr den Anforderungen entsprach. Diese »Tea Tasters« hatten täglich bis zu 300 Tassen Tee zu untersuchen. Auf dieser Basis lagen dann in den Zollhäusern der Einreisehäfen genehmigte Standardproben aus, die mit dem eingeführten Tee verglichen wurden. Auch nachdem das Gesetz nach langen Diskussionen im Jahr 1996 aufgehoben wurde, regelt die US-Behörde für Lebens- und Arzneimittel nach wie vor die Qualität des in die Vereinigten Staaten importierten Tees mithilfe eines Gesetzes aus dem Jahr 1938.

100.

Welche Berufsgruppe arbeitet mit »Hamen«?

A: Fischer, die eine umweltschonende Fischfangtechnik verwenden

B: Gärtner, die Unkraut mitsamt der Wurzel entfernen

C: Metzger, die Schinken bei hoher Temperatur Flüssigkeit entziehen

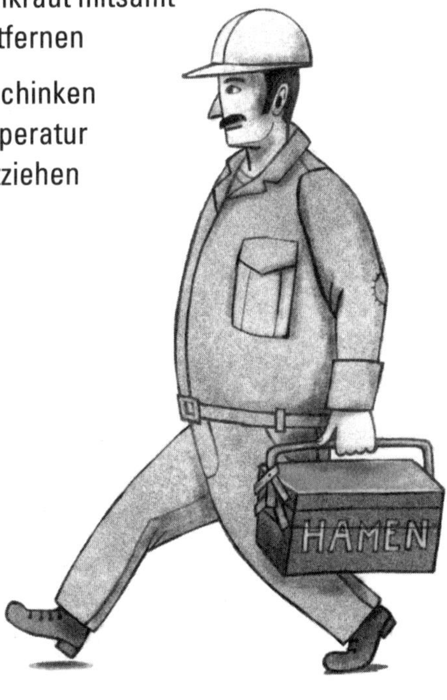

A: Fischer, die eine umweltschonende Fischfangtechnik verwenden

Das Wort Hamen geht zurück auf das germanische »Hama«, was so viel wie Hülle oder Haut bedeutet. Hamen sind große Netzsäcke, die weltweit in der Fischerei eingesetzt werden. Hamenfischerei wird meist dort betrieben, wo es starke Strömungen in einer Richtung gibt, also vor allem an Flüssen, Flussmündungen oder in flachen Küstengewässern, hingegen kaum auf offener See. Diese Art zu fischen gilt als umweltschonend. Die konischen oder pyramidenförmige Netzsäcke sind in der Fluss- oder Gezeitenströmung fest am Gewässerboden, am Ufer oder an Booten befestigt. Sie werden meist mit Pfählen, Holz- oder Metallrahmen offen gehalten, damit die Fische hineinschwimmen. Um die Hamen zu entleeren, holen die Fischer nur das Netzende ein. So können Fische lebend an Bord gehalten werden.

Für diese Art des Fischens spricht auch: Bootsmotore bleiben ausgeschaltet, und da sich die Netze nicht von der Stelle bewegen, wird auch kein Gewässerboden aufgewühlt. Hamenfischer haben oft einen 24-Stunden-Job. Manche leben monatelang auf ihrem Kahn. Es gibt aber auch welche, die Hamen ganz ohne Boote bewirtschaften, etwa von kleinen offenen oder mittelgroßen Spezialfahrzeugen aus. Ein Nachteil: Da die Netze in der Regel sehr kleine Maschenöffnungen besitzen, können Jungtiere und sogar Larven und Eier mitgefangen werden. Dies kann, so Kritiker, einen negativen Effekt auf die Population haben.

101.

Die weltberühmte Rialtobrücke in Venedig wurde von einem italienischen Baumeister entworfen, ...?

A: dessen Nachname übersetzt »Brücke« bedeutet

B: der auch die älteste Steinbrücke in den USA erbaute

C: der bei der Annahme des Auftrags 17 Jahre alt war

A: dessen Nachname übersetzt »Brücke« bedeutet

Venedig gilt als Stadt der Brücken, dabei liegt die Stadt europaweit mit rund 400 Exemplaren nur an fünfter Stelle. Was die Schönheit der Brücken betrifft, ist die italienische Stadt jedoch vermutlich unschlagbar, und mit der Rialtobrücke besitzt sie zweifelsohne eine der berühmtesten Brücken der Welt. Dieses bedeutende Wahrzeichen der Stadt verbindet über den Canal Grande die Stadtteile – auch Sestieri genannt – San Polo und San Marco, einst ein wichtiger Handelsplatz. Die Brücke, so wie wir sie heute kennen, wurde Ende des 16. Jahrhunderts errichtet. Doch schon im Mittelalter gab es Vorläufer aus Holz. Manche brannten ab, und als Mitte des 15. Jahrhunderts ein Exemplar zusammenbrach, beschlossen die Stadtväter, eine steinerne Brücke zu bauen.

Künstler wie Michelangelo und Palladio wurden um Entwürfe gebeten, doch das Rennen machten zwei andere: Giovanni Alvise Boldù und ein damals bereits 75-jähriger venezianischer Baumeister namens Antonio da Ponte. Wie passend, denn »ponte« ist das italienische Wort für »Brücke«. Da Ponte hatte sich unter anderem beim Bau der inneren Fassade des Dogenpalastes einen Namen gemacht. Bis die berühmte 48 Meter lange Brücke schließlich vollendet war, verging einige Zeit. Denn erst nach dem Einsturz einiger Gebäude wurde am Ufer Baufläche frei. Bis zum 19. Jahrhundert war sie dann der einzige Fußweg über den Canal Grande. Der vermutlich beliebteste ist sie bis heute geblieben.

102.

Das Spinnennetz der Kreuzspinne ...?

A: hat Ausmaße von bis zu 20 Metern

B: dient ihr als externes Trommelfell

C: löst bei Fressfeinden allergische Lähmungen aus

B: dient ihr als externes Trommelfell

Spinnenseide ist federleicht, hochelastisch, dünner als Haar, fester als Stahl und sogar biologisch abbaubar. Nur wenige Materialien auf unserem Planeten sind ausgereifter, denn immerhin hatten Spinnen geschätzte 350 Millionen Jahre Zeit, ihre Seide zu entwickeln. Im Allgemeinen dienen die Netze den Tieren als Falle für ihre Beute. Aber nicht nur! So entdeckten Forschende der Binghamton University, New York, im Jahr 2022, dass die Netze von Webspinnen wie beispielsweise der Kreuzspinne auch als akustische Antennen dienen. Damit können die Tiere schon von Weitem orten, ob sich Beute oder Feinde nähern.

Bisher ging die Forschung davon aus, Spinnen würden zu diesem Zweck vor allem ihre Sinneshaare benutzen. Bei einem Experiment wurden nun in einem schalldichten Raum mit Lautsprechern Schallwellen erzeugt, die für Luftdruckschwankungen sorgten, ohne dass die Netze direkten Vibrationen ausgesetzt waren. Dennoch reagierten die Spinnen je nach Lautstärke der Geräusche, indem sie sich zum Beispiel duckten oder ausstreckten. Sie drehten sich sogar in die Richtung, aus der die Töne kamen. Spinnenfäden sind demnach so dünn, dass selbst Luftmoleküle sie zum Schwingen bringen. Damit dient Spinnen ihr Netz als externes Trommelfell, mit dem sie Geräusche in einem Bereich erfassen können, der bis zu 10 000-mal größer ist als sie selbst. Zum Vergleich: Ein 1,80 Meter großer Mensch müsste bei entsprechenden Fähigkeiten Geräusche aus rund 18 Kilometern Entfernung einordnen können.

103.

Der auch von Profis verwendete »Schmetterlingsschnitt« hilft dabei, …?

A: einen Bart symmetrisch zu trimmen

B: dehnbare Stoffe zu schneiden

C: Fleisch für ein Cordon bleu vorzubereiten

C: Fleisch für ein Cordon bleu vorzubereiten

Ein kräftiges Steak, ein dickes Stück Hähnchenbrust – nicht wenige Ungeübte tun sich schwer, derartiges Fleisch perfekt zu verarbeiten. Abhilfe schaffen kann der sogenannte Schmetterlingsschnitt. Dies ist eine beliebte Schnitttechnik im Fleischerhandwerk und in der Gastronomie. Dafür wird ein kräftiges Fleischstück waagerecht in zwei gleich dünne Scheiben zerteilt, allerdings so, dass sie an einer Seite noch verbunden sind. Somit erhält man die doppelte Fläche.

Derart ausgeklappt, erinnert das Ergebnis an zwei Schmetterlingsflügel. Unter anderem eignet sich das Fleisch besonders gut zum Füllen für ein Cordon bleu. Ein Brathähnchen kann man ebenfalls mit dieser Methode teilen. Sie nennt sich Spatchcock, was jedoch nichts anderes ist als das britische Wort für Schmetterlingsschnitt. Doch auch ein zartes paniertes Wiener Schnitzel lässt sich auf diese Weise fabrizieren. Wichtig ist es, das Fleisch auf einer harten Unterlage quer zur Faser zu schneiden. Anschließend kann man es noch mit einem Fleischklopfer plattieren. Wem das alles zu kompliziert ist, kann den Schmetterlingsschnitt selbstverständlich auch in der Metzgerei seiner Wahl vornehmen lassen.

104.

Was stimmte Ridley Scott um, 1999 die Regie für den Blockbuster »Gladiator« doch noch zu übernehmen?

A: Sieg über Russell Crowe bei einem Holzschwertkampf

B: Anblick des Gemäldes »Pollice Verso« von Jean-Léon Gérôme

C: Führung eines passionierten Historikers durch das Kolosseum

B: Anblick des Gemäldes »Pollice Verso« von Jean-Léon Gérôme

Fünf Oscars und mehr als 457 Millionen eingespielte US-Dollar – mit diesem Ergebnis hätte kaum jemand gerechnet, als der Film »Gladiator« im Jahr 2000 in die Kinos kam. Denn die Zeiten der sogenannten Sandalenfilme von »Ben Hur« bis »Spartacus« lagen Jahrzehnte zurück. Doch die ergreifende Geschichte des ehemaligen Generals Maximus (Russell Crowe), der nach einem Verrat durch Kaiser Commodus (Joaquin Phoenix) im Kolosseum um sein Leben kämpfen muss, zog allein in Deutschland 3,1 Millionen Zuschauer an. Weitere Historienschinken wie »Troja« und »Alexander« sollten folgen.

Dabei hätte der renommierte Regisseur Ridley Scott den Film damals beinahe abgelehnt. In einem Interview mit dem US-Magazin »Deadline« erzählte der 1937 geborene Brite, wie ihn die beiden Produzenten Walter Parkes und Douglas Wick letztlich doch um den Finger wickelten: Sie zeigten Scott eine Reproduktion von »Pollice Verso« (übersetzt: »Daumen nach unten«). Dieses Gemälde von Jean-Léon Gérôme aus dem Jahr 1872 zeigt, wie ein Gladiator im Kolosseum über seinem besiegten Gegner steht und darauf wartet, ob sich die alles entscheidenden Daumen nach oben oder unten richten. Scott: »Das Bild verkörperte für mich das Römische Reich mit all seinem Ruhm und auch seiner Verderbtheit. Ich wusste sofort, dass ich dem nicht widerstehen konnte.« Ihm ein Bild zu zeigen, sei das Schlauste gewesen, was man habe tun können: »Denn ich bin ein Bildermensch ...«

105.

Darf ein Arbeitgebender Minusstunden berechnen, wenn er den früheren Feierabend seiner Mitarbeitenden selbst anordnet?

A: Ja, weil der Arbeitgebende weisungsbefugt ist.

B: Nur wenn fünf Minusstunden nicht überschritten werden.

C: Nein, der Arbeitgebende muss angeordnete Minusstunden voll bezahlen.

C: Nein, der Arbeitgebende muss angeordnete Minusstunden voll bezahlen.

Seit Herbst 2022 ist Arbeitszeiterfassung für alle Unternehmen Pflicht. Da können auch schon einmal Minusstunden, auch Soll-, Minder- oder Unterstunden genannt, anfallen, wenn Arbeitnehmende weniger als vertraglich vereinbart arbeiten. Wer beispielsweise eine Wochenarbeitszeit von 40 Stunden im Vertrag stehen hat, aber nur auf 38 Stunden kommt, sammelt auf diese Weise zwei Minusstunden an. Diese können in bestimmten Fällen negativ angerechnet werden, aber nur wenn Arbeitnehmende für die Minderarbeit selbst verantwortlich sind. Etwa indem sie zu spät zur Arbeit kommen, die Mittagspause überziehen oder während der Arbeitszeit private Erledigungen machen. Meist müssen Minusstunden in solchen Fällen nachgearbeitet werden.

Anders sieht es aus, wenn Vorgesetzte beispielsweise einen früheren Feierabend anordnen – etwa weil es nicht genug zu tun gibt. In so einem Fall können die Minusstunden nicht den Arbeitnehmenden angerechnet werden. Sie haben ihre Arbeitskraft angeboten und damit ihre vertraglichen Pflichten erfüllt. Gemäß § 615 BGB muss hier der Arbeitgebende angeordnete Minusstunden voll bezahlen. Diese dürfen weder zulasten des Arbeitnehmenden gehen noch auf dem Arbeitszeitkonto vermerkt werden. Eine pauschale Regelung, wie viele Minusstunden maximal erlaubt sind, gibt es übrigens nicht. Hier zählt, was im Arbeits- oder Tarifvertrag steht.

106.

Wegen einer Baumart mit intensiv rotem Stamm ...?

A: verläuft die Grenze zwischen Guyana und Suriname im Zickzack

B: erhielt Brasilien seinen Namen »Brasilien«

C: verlor Lima seinen Zugang zum Amazonas

B: erhielt Brasilien seinen Namen »Brasilien«

Der atlantische Regenwald in Brasilien, die Mata Atlântica, war einst rund 1,3 Millionen km² groß. Heute sind davon gerade noch 95 000 km² übrig geblieben. Als die Europäer um das Jahr 1500 begannen, Brasilien zu erschließen, fanden sie einen dichten, nahezu unberührten Wald vor. Doch schon bald begannen sie, ihn kommerziell zu nutzen. Vor allem das intensiv rote Holz des Paubrasilia echinata, des Brasilholzbaumes, war heiß begehrt. Seinen Namen hat es vom portugiesischen Adjektiv »brasil«, auf Deutsch: »glutartig«. Es beschreibt das Aussehen glühender Kohlen.

Dieses Holz war während der portugiesischen Kolonisation Südamerikas Anfang des 16. Jahrhunderts das Hauptexportgut. Seine wirtschaftliche Bedeutung wurde während dieser Zeit so groß, dass die Kolonie Terra do Brasil genannt wurde. Aus dem Holz ließ sich vor allem ein kostbarer roter Farbstoff zum Färben von Stoffen gewinnen, das Brasilin. Doch auch als Möbelholz oder Bauholz fand das Holz Verwendung. Noch heute wird es zur Herstellung von Bögen von Streichinstrumenten genutzt. Nach einer rund drei Jahrhunderte langen und wechselvollen Kolonialgeschichte erhielt Brasilien erst im Jahr 1822 seine staatliche Unabhängigkeit. Das Land ist der Fläche nach der fünftgrößte und der Einwohnerzahl nach der siebtgrößte Staat der Welt. Seit 1978 ist der Brasilholzbaum auch offiziell der Nationalbaum Brasiliens.

107.

Beim »Quishing« …?

A: werden beim Fischen versehentlich auch Quallen gefangen

B: versuchen Cyberkriminelle Daten mithilfe von QR-Codes zu stehlen

C: wird mit zufällig ausgewählten Bürgern ein Telefonquiz gespielt

B: versuchen Cyberkriminelle Daten mithilfe von QR-Codes zu stehlen

Sie sind ziemlich praktisch, die kleinen quadratischen Kästchen, die ein bisschen an ein Labyrinth erinnern: Quick-Response- bzw. QR-Codes gehören längst zu unserem digitalen Alltag. Hinter ihnen verbergen sich zum Beispiel Speisekarten von Restaurants, Tipps über Sehenswürdigkeiten oder wichtige Bürgerinformationen. Doch wie so oft, wenn sich etwas als besonders praktisch durchgesetzt hat: Auch das Böse ist immer und überall da. Die Nutzung von QR-Codes haben auch Cyberkriminelle längst für sich entdeckt. Diese spezielle Art der Phishing-Angriffe nennt man »Quishing« – zusammengesetzt aus QR-Code und Phishing.

Derartige Angriffe sind besonders hinterhältig, da sich auf diese Weise viele IT-Sicherheitssysteme umgehen lassen. Denn diese überprüfen bei eingehenden Mails meist nur Anhänge und Links. Ein QR-Code hingegen wird als harmlose Bilddatei wahrgenommen, überwindet so die Schutzmaßnahmen und kann Benutzer beim Scannen auf gefälschte Webseiten weiterleiten. Das Bundesamt für Sicherheit in der Informationstechnik (BSI) empfiehlt, E-Mails genau zu prüfen und bei Verdacht weder Anhänge zu öffnen noch QR-Codes zu scannen.

108.

Warum sollten Goldfische laut Wildtierbeauftragten nicht in freien Gewässern oder Seen ausgesetzt werden?

A: Sie fressen den Laich heimischer Fisch- und Froscharten.

B: Sie stören die Brut von Wildgänsen.

C: Goldfische sind als Nahrung für Fischotter giftig.

A: Sie fressen den Laich heimischer Fisch- und Froscharten.

Goldfisch ist nicht gleich Goldfisch: Es gibt rund 120 verschiedene Zuchtformen. Das bedeutet aber auch, dass dieses Tier in der freien Natur ursprünglich nicht vorkommt. Das aus der Familie der Karpfenfische stammende Geschöpf wurde bereits im dritten Jahrtausend v. Chr. in alten chinesischen Schriften erwähnt und gilt damit wohl als eines der ältesten »Haustiere«. Es galt einst sogar als heilig. Etwa im 17. Jahrhundert kamen Goldfische nach Europa, zunächst als Modefische für die Reichen. Im heimischen Aquarium oder Gartenteich können die eigentlich anspruchslosen Allesfresser bis zu 30 Jahre alt werden. Doch spätestens hier beginnt auch das Problem: Oft zwingen im menschlichen Leben diverse Umstände zu Veränderungen, durch die für ein Aquarium kein Platz mehr bleibt. Zumal sich die geselligen Tierchen gerne intensiv vermehren.

Als simple Lösung bietet es sich für viele Halter an, die Fische einfach in Seen und freien Gewässern auszusetzen. Doch das ist keine gute Idee. Sie sind dort zwar meist überlebensfähig, schaden jedoch dem bestehenden Ökosystem, weil sie sich unter anderem vom Laich der heimischen Fische sowie von Kaulquappen und Libellenlarven ernähren und deren Bestände dezimieren. Außerdem wühlen sie gern im Boden und entwurzeln dabei Pflanzen, was zu vermehrtem Algenbestand führen kann. Wildtierbeauftragte bitten deshalb, Goldfische nicht auszusetzen, sondern stattdessen bei geeigneten Tierheimen abzugeben.

109.

Was sollte bei der Verwendung von chemischen Peelings zur Erneuerung der Haut beachtet werden?

A: nicht auf Altersflecke auftragen

B: abends verwenden und ausgedehnte Sonnenbäder meiden

C: ausschließlich für die Beine nutzen

B: abends verwenden und ausgedehnte Sonnenbäder meiden

Grundsätzlich gibt es zwei Arten von Peelings: die mechanischen, die Hornhaut und Hautschuppen durch Abschleifen entfernen, und die chemischen Peelings, die mit Säuren oder Enzymen arbeiten. Diese Frucht- oder Salicylsäuren dringen in die Haut ein und tragen so dazu bei, abgestorbene Hautzellen zu lösen und die Haut zu erneuern. Diese wird frischer, glatter und straffer. Allerdings gilt es dabei einiges zu beachten. Wer die Behandlung nicht in einem Kosmetikstudio oder einer dermatologischen Praxis vornehmen lassen will, sollte darauf achten, dass die Konzentration der Säure nicht mehr als 30 Prozent beträgt. Handelsüblich sind bei Produkten für die Heimanwendung aber sowieso nur fünf bis zehn Prozent.

Damit sich die beanspruchten Stellen über Nacht regenerieren können, eignen sich chemische Peelings vorrangig für die Anwendung am Abend. Da die Haut außerdem empfindlicher gegen UV-Strahlen wird, drohen Hautverfärbungen, Irritationen, Rötungen und Sonnenbrand. Deshalb sollten am Tag nach dem Peeling ausgedehnte Sonnenbäder vermieden und ausreichender UV-Schutz verwendet werden. Auch sollte man der Haut nach der Anwendung zusätzlich Ruhe gönnen und beispielsweise Peelingbürsten eine Zeit lang meiden. Eine Behandlung mit höher dosiertem, sogenanntem tiefem Peeling sollten auf jeden Fall Profis durchführen.

110.

Im Dezember 1976 engagierten Pink Floyd für ein Fotoshooting einen Scharfschützen, damit dieser …?

A: ein riesiges, heliumgefülltes Ballonschwein vom Himmel holte

B: mit einem Paintball-Markierer eine 20 Meter hohe Wand traf

C: Roger Waters einen Apfel aus 100 Metern Entfernung vom Kopf schoss

A: ein riesiges, heliumgefülltes Ballonschwein vom Himmel holte

Die englische Rockband Pink Floyd veröffentlichte 1977 ihr zehntes Studioalbum »Animals«. Die Texte waren voller Kapitalismuskritik und erinnerten ein wenig an George Orwells berühmtes Buch »Animal Farm«. Der Bassist der Gruppe, Roger Waters, hatte die Idee, für das Plattencover ein zwölf Meter hohes aufblasbares Schwein mit dem schönen Namen »Algie« zwischen den Schornsteinen des Londoner Battersea-Kohlekraftwerks abzulichten. Am 2. Dezember 1976 stand neben dem Fotografenteam sicherheitshalber auch ein angeheuerter Scharfschütze für den Fall bereit, dass sich das Schwein selbstständig machen sollte.

Da es Probleme mit dem Helium gab, musste der Termin jedoch um einen Tag verschoben werden. Dummerweise war darüber jedoch der Scharfschütze nicht informiert worden, und so kam es, wie es kommen musste: Das Halteseil riss bei stürmischem Wind, und das Flugschwein erhob sich ausgerechnet in Richtung Flugschneise des Flughafens London Heathrow, ohne dass der Scharfschütze es hätte herunterholen können. Die Folge: Zahlreiche Flüge mussten umgeleitet werden. Erst am Abend landete »Algie« unbeschadet auf einem Acker in der Grafschaft Kent. Als Plattencover diente letztlich eine Fotomontage, doch die Medien hatten eine Story. 35 Jahre später, 2011, wurde die Session übrigens im Rahmen einer Neuveröffentlichung aller 14 Pink-Floyd-Studioalben wiederholt – diesmal ohne besondere Vorkommnisse. Nur das alte Schwein »Algie« war nicht mehr flugtauglich und musste ersetzt werden.

111.

Die sogenannten Small Five sind die fünf …?

A: bedeutsamsten Tiere für das Ökosystem des Wattenmeers

B: Gewürze, die nur sparsam eingesetzt werden sollten

C: umsatzstärksten Firmen auf dem Mikrochipmarkt

A: bedeutsamsten Tiere für das Ökosystem des Wattenmeers

In den großen Nationalparks Afrikas finden wir die »Big Five«: Elefant, Löwe, Nashorn, Büffel und Leopard. Ihre Namen erhielten sie einst von den Großwildjägern, da die Jagd auf sie nicht ungefährlich war. Heute stehen einige von ihnen auf der Roten Liste gefährdeter Arten. Es gibt in Afrika allerdings als Pendant auch die »Little Five«, zu denen Nashornkäfer, Büffelweber, Ameisenlöwe, Leopardenschildkröte und Rüsselspringer zählen.

Im Weltnaturerbe Wattenmeer leben demgegenüber die »Small Five«: der Wattwurm, die Gemeine Herzmuschel, die Gemeine Strandkrabbe, die Gemeine Wattschnecke und die Nordseegarnele. Während ein Teil der Großen Fünf alles andere als Vegetarier ist, fressen die fünf Winzlinge kleinstes Plankton und Algen, die im Wasser und auf der Oberfläche des Watts leben. Sie haben sich an extreme Witterungsverhältnisse angepasst, trotzen Regen, Hitze und Frost und kämpfen unentwegt gegen ihre hungrigen Fressfeinde. Vor allem Vögel und Fische haben es auf die Kleinen abgesehen, die ihrerseits wichtig für den Umsatz von Biomasse sind. Ihr Verbreitungsgebiet zwischen Dänemark und den Niederlanden beträgt 9000 km^2, ist rund 450 km lang und bis zu 40 km breit – ein einzigartiger Nationalpark, der garantiert einen Besuch wert ist.

Apropos Fünf: Zu den »Scheuen Fünf« gehören Erdferkel, Erdmännchen, Erdwolf, Löffelhund und Stachelschwein. Und es gibt sogar die »Hässlichen Fünf«: Marabu, Warzenschwein, Geier, Gnu und Hyäne.

112.

Für welche Aussage aus einem Artikel von 1920 entschuldigte sich die Redaktion der »New York Times« 1969?

A: Sie hielt 1000 Tore in einer Fußballerkarriere für unmöglich.

B: Sie erklärte Weltraumraketen für Unfug.

C: Sie hielt tagelange Musikfestivals für überflüssig.

B: Sie erklärte Weltraumraketen für Unfug.

1969 – Willy Brandt wird Bundeskanzler, die Beatles geben ihr letztes Konzert und auf den Feldern eines Milchbauern im US-Bundesstaat New York geht das legendäre Woodstock-Festival über die Bühne. Das vermutlich meistdiskutierte Ereignis des Jahres ist jedoch die erste Mondlandung am 21. Juli 1969 – »ein kleiner Schritt für einen Menschen, ein großer Sprung für die Menschheit«, wie der erste Mensch auf dem Mond, Neil Armstrong, es ausdrückt, als er den Erdtrabanten betritt.

Nur wenige Tage zuvor findet sich in der renommierten »New York Times« eine 32-zeilige »Correction« – eine Entschuldigung. 1920, so steht darin zu lesen, habe die Zeitung die Arbeit des Raketenforschers Robert Goddard scharf kritisiert und Weltraumraketen für Unfug erklärt. Der Professor habe keine Ahnung vom Verhältnis zwischen Aktion und Reaktion und dass es etwas mehr als ein Vakuum brauche, um reagieren zu können. Ihm scheine es am nötigen Allgemeinwissen zu fehlen. Inzwischen, so die »New York Times« weiter, hätten jedoch weitere Untersuchungen und Experimente ergeben, dass sich die Erkenntnisse von Isaac Newton aus dem 17. Jahrhundert bestätigt hätten: Eine Rakete könne durchaus in einem Vakuum genauso gut funktionieren wie in einer Atmosphäre. Man bedauere diesen Irrtum. Interessanterweise wurde die bevorstehende Mondlandung in dieser Entschuldigung mit keinem Wort erwähnt.

NEUHEIT

Das Fraunhofer-Institut für Produktionstechnik und Automatisierung in Stuttgart entwickelt für Autos …?

A: einen Speziallack, der Parkrempler erkennt und meldet

B: Seiten- und Rückspiegel, die per Blick ausgerichtet werden können

C: Reifen, die ihr Profil automatisch dem Untergrund anpassen

A: einen Speziallack, der Parkrempler erkennt und meldet

Wir alle wissen, dass die menschliche Haut eine Unmenge an wichtigen Funktionen erfüllt. Die Haut von Kraftfahrzeugen, sprich: der Lack, hat hingegen in dieser Hinsicht nur wenig zu bieten. Jedenfalls bis jetzt. Das Fraunhofer-Institut für Produktionstechnik und Automatisierung in Stuttgart arbeitet seit 2016 daran, dies zu ändern. Nicht nur dort ist man der Meinung, dass die riesige Fläche der Karosserie unserer Autos bisher kaum sinnvoll genutzt wird. Sie hat eigentlich bislang nicht viel mehr als schöne Farbeffekte zu bieten.

Deshalb entwickeln die Stuttgarter intelligente Lacke, die als Kommunikationsschnittstelle dienen können. Nicht sichtbare Nanomaterialien wirken als »Näherungssensoren«. Durch ihre Flexibilität können sie über der Grundierung direkt im Autolack eingebracht werden. Der Lack erkennt dann, wenn sich jemand oder etwas dem Auto nähert. Werden die Sensoren mit einer Alarmanlage oder Dashcam gekoppelt, können sie Signale an sie senden und sie aktivieren. So sind sensorische Türgriffe bereits Stand der Technik: Sobald sich die Hand dem Griff nähert, springt er aus der Türoberfläche hervor. Doch auch eine automatisierte Schadenserkennung ist nur noch eine Frage der Zeit. Beschädigungen am Lack können dann gefilmt und der Versicherung gemeldet werden. Fahrerflucht nach einem Parkrempler oder anonymer Vandalismus sind möglicherweise bald Vergangenheit.

113.

Fühlen sich die bei uns heimischen Großen Mausohr-Fledermäuse bedroht, …?

A: decken sie ihre Augen mit den Flügeln zu

B: rollen sie sich über den Boden

C: summen sie wie wütende Hornissen

C: summen sie wie wütende Hornissen

Es ist immer wieder spannend, mitzuverfolgen, was sich manche Geschöpfe auf unserem Planeten einfallen lassen, um zu überleben. In der Tier- und Pflanzenwelt schützen sich etwa immer wieder harmlose Wesen, indem sie ihr Äußeres an gefährliche oder giftige Artgenossen anpassen, vor allem um auf diese Weise Fressfeinde abzuschrecken. Da tarnen sich beispielsweise Schwebfliegen als Wespen oder Raupen als Schlangen. Dieses Verhalten nennt man Mimikry, was so viel wie Nachahmung bedeutet. Bis vor Kurzem ging man davon aus, dass dieser Trick ausschließlich bei Aussehen und Gerüchen funktioniert.

Forschende der Universität Neapel Federico II entdeckten jedoch 2022 eine ungewöhnliche Strategie von Fledermäusen der Art Großes Mausohr. Fühlen sie sich durch die von ihnen gefürchteten Schleiereulen bedroht, summen sie wie wütende Hornissen, Wespen oder Bienen – und das offensichtlich erfolgreich. Denn sowohl Eulen als auch Hornissen beziehen gerne Baumhöhlen. Die harmlosen Fledermäuse machen sich die Abneigung der Eulen gegenüber den stechenden Insekten zunutze und schrecken sie ab, indem sie deren Geräusche täuschend echt nachahmen. Interessant an der Entdeckung ist auch, dass hier drei völlig unterschiedliche Arten miteinander in Verbindung kommen – Säugetiere, Insekten und Vögel. Nun wollen die neapolitanischen Forschenden herausfinden, ob akustische Mimikry in der Tierwelt weiter verbreitet ist als bisher bekannt.

114.

Warum werden umsatzstarke und stabile Aktien großer Unternehmen »Blue Chips« genannt?

A: Die Aktien wurden früher auf blauem Papier gedruckt.

B: Anfang des 19. Jahrhunderts waren blaue Farbstoffe teurer als Gold.

C: Sie waren früher die wertvollsten Jetons in den Casinos von Monaco.

C: Sie waren früher die wertvollsten Jetons in den Casinos von Monaco.

Bereits im Jahre 1863 wurde das Casino de Monte Carlo von den Grimaldis gegründet. Damals entschied sich die Familie zu diesem Schritt, um dem wenige Jahre zuvor selbstständig gewordenen Fürstentum Aufschwung zu verleihen. Heute ist die Spielbank eines der ältesten Casinos weltweit. Schon früh wurden dort blaue Jetons als Marken mit dem höchsten Wert eingeführt. Andere Casinos folgten bald, und aus den vornehmen Jetons wurden simple Chips, ein Begriff, der übrigens in klassischen Spielbanken verpönt ist. Heute wird er vor allem beim Pokerspiel verwendet.

Offensichtlich fand die Wirtschaft den Begriff Blue Chips symbolisch attraktiv und verwendet ihn für besonders umsatzstarke Aktien, die an den weltweit wichtigsten Börsen gehandelt werden. Die entsprechenden Unternehmen werden auch als Large Cap bezeichnet. Wer in Blue Chips investiert, kann davon ausgehen, dass sich so ein Großunternehmen mittelfristig auf dem Markt hält und die Aktie nicht wertlos wird. Zumal die Aufnahmekriterien in einen Leitindex wie den DAX so streng sind, dass die Substanz des Unternehmens trotz unterschiedlichster Schwankungen langfristig gewahrt bleibt. Wer langfristig Geld anlegen will, ist mit Blue Chips meistens auf der sicheren Seite und muss normalerweise nicht mit extremen Kursschwankungen rechnen.

115.

Bobby Leach, der 1911 in einer Tonne die Niagarafälle hinabstürzte und überlebte, verstarb 1926, nachdem er ...?

A: eine Glühbirne ausgewechselt hatte

B: auf einer Orangenschale ausgerutscht war

C: ein Ei mit Schale verspeist hatte

B: auf einer Orangenschale ausgerutscht war

Mit seinen rund 56 Kilometern wäre der Niagara, der vom Eriesee in den Ontariosee fließt, eigentlich kein besonders berühmter Fluss. Gäbe es da nicht die Niagarafälle an der Grenze zwischen dem US-Bundesstaat New York und der kanadischen Provinz Ontario. Rund 18 Millionen Menschen aus aller Welt erleben alljährlich, wie sich das Wasser des Flusses donnernd 57 Meter in die Tiefe stürzt. Das ist auch eine Herausforderung für besonders Waghalsige. 1829 wurden erste Versuche dokumentiert, die Wasserfälle in einer Tonne oder einem Boot zu bezwingen. Doch erst im Jahr 1901 überstand die US-amerikanische Lehrerin Anna Edson Taylor eine solche Niagarareise in einer Tonne lebend und relativ unverletzt.

Zehn Jahre später, am 25. Juli 1911, war es der Brite Bobby Leach, dem als Zweiter dieses Kunststück gelang. Sein Sturz in einem raketenähnlichen Behälter brachte ihm allerdings 23 Wochen Krankenhausaufenthalt ein, unter anderem weil er sich mehrere Rippen, beide Kniescheiben und den Kiefer gebrochen hatte. Im Folgenden versuchte er, seine Geschichte zu Geld zu machen, etwa indem er sie der ganzen Welt erzählte und sich mit seinem Fass abbilden ließ. Im Jahr 1926 rutschte er auf so einer Werbetour in Neuseeland auf einer Orangenschale aus. Dabei verletzte er sich am Bein, das sich entzündete und amputiert werden musste. Zwei Monate später starb Bobby Leach an den Komplikationen. Er wurde 68 Jahre alt.

116.

Müssen Eltern vom Widerrufsrecht Gebrauch machen, wenn ihr minderjähriges Kind heimlich online Ware auf Rechnung bestellt hat?

A: Ja, allerdings gilt das Widerrufsrecht dann 14 Tage länger.

B: Nur wenn das Kind den Empfang des Paketes eigenhändig quittiert.

C: Nein, das Geschäft ist ohne elterliche Genehmigung unwirksam.

C: Nein, das Geschäft ist ohne elterliche Genehmigung unwirksam.

Die Legislative geht davon aus, dass Minderjährige besonders schutzbedürftig sind, weil sie die rechtlichen Folgen ihres Handelns oft noch nicht abschätzen können. Aber minderjährig ist nicht gleich minderjährig. Demnach sind gemäß § 104 Nr. 1 BGB Kinder, die das siebte Lebensjahr noch nicht vollendet haben, geschäftsunfähig. Verträge mit ihnen sind ohne Einschränkung nichtig. Kinder und Jugendliche zwischen sieben und 17 Jahren sind gemäß § 106 BGB beschränkt geschäftsfähig. Sie können ohne Zustimmung der Eltern im Rahmen ihres Taschengeldes einkaufen, wenn die Ware vom Taschengeld sofort bezahlt werden kann.

Bei Bestellungen auf Rechnung, etwa bei einem Onlinekauf, müssen Erziehungsberechtigte vorher zustimmen, damit ein gültiger Vertrag zustande kommt. Man nennt das »Einwilligung«. Bestellt ein Kind etwas ohne Wissen der Eltern auf Rechnung, kann das auch nachträglich erlaubt werden, man nennt das Genehmigung.

Sind Erziehungsberechtigte mit dem Kauf nicht einverstanden, hat der Verkäufer eine uneingeschränkte Rückzahlungspflicht. Denn er hat sich um einen Betrag bereichert, der ihm aufgrund eines unwirksamen Vertrags nicht zusteht. Das gezahlte Geld kann also zurückverlangt werden. Wurden schon Abbuchungen getätigt, sollten die Eltern diese zurückbuchen oder dem Vertragspartner die Situation schriftlich erläutern und Rückzahlung verlangen.

117.

Wenn sich Astronauten auf der ISS schlafen legen, …?

A: drehen sie die Heizung der Station runter

B: sehen sie bei geschlossenen Augen weiße Blitze

C: rezitieren sie mehrsprachig Armstrongs Worte bei der Mondlandung

B: sehen sie bei geschlossenen Augen weiße Blitze

Wer ins Weltall reist und länger als ein paar Stunden im All bleibt, muss logischerweise auch dort oben schlafen. Auf der Internationalen Raumstation ISS gibt es hierfür eigene Schlafkabinen, vier von sechs befinden sich im sogenannten Harmony-Modul, einem im Jahr 2007 angehängten Versorgungsteil. Anfangs staunten die in der Station Lebenden über ein Phänomen, das sie sich zunächst nicht erklären konnten und über das sie erst viel später berichteten: Sie sahen mit geschlossenen Augen Lichtblitze! Lange Zeit wurde darüber geschwiegen, denn viele fürchteten, die Ärzte könnten dieses Phänomen für Stresssignale halten und die Betroffenen für fluguntauglich erklären. Doch letztlich stellte sich heraus: Die Blitze waren keine Einbildung.

Sie entstehen, weil ab und zu von der Sonne ausgesendete elektrisch geladene Teilchen auf die Netzhaut des Auges treffen. Durch diese Stimulierung werden Lichtimpulse ausgeschüttet, die die Menschen im All bei geschlossenen Augen als Blitze wahrnehmen. Auf dem Boden ist man durch das Magnetfeld der Erde vor diesen winzigen Teilchen geschützt. Im Weltall aber durchdringen sie sowohl die Wände des Raumschiffs als auch die menschlichen Körper. Deshalb werden Astronauten und Astronautinnen regelmäßig untersucht, um sicher zu sein, dass sie dadurch keine gesundheitlichen Schäden erleiden.

118.

Im schottischen Dorf Comrie bauten ein Schuhmacher und der Leiter einer Poststelle 1839 ein hölzernes Kreuz, das …?

A: eine neue Maßeinheit mit dem Herkunftskürzel »INCH« festlegte

B: als Vorbild für die Vogelscheuche im »Zauberer von Oz« diente

C: als weltweit erstes Seismometer die Stärke von Erdbeben maß

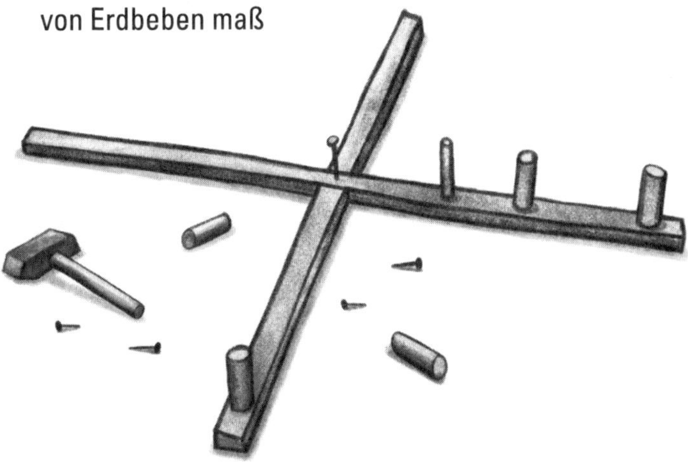

C: als weltweit erstes Seismometer die Stärke von Erdbeben maß

Das schottische Dorf Comrie liegt auf einer tektonisch aktiven Zone, die die Highlands von den Lowlands trennt. Hier kommt es im Vereinigten Königreich am häufigsten zu Erdstößen, weswegen der Ort den Beinamen »Shaky Town« trägt. Bereits 1579 wurde das erste Beben schriftlich aufgezeichnet. Ein großes Beben, das in fast ganz Schottland zu spüren war, ereignete sich 1826. Dies veranlasste zwei Einwohner von Comrie, ihre Erfahrungen bei diesem Beben niederzuschreiben: den Schuhmacher James Drummond und den Postmeister Peter Macfarlane. Ihren Aufzeichnungen nach wurden »mehrere Schornsteine zerschmettert, Schornsteintöpfe heruntergeworfen, einige Mauern bekamen Risse, und trockene Steindeiche wurden gestürzt«.

Noch gab es jedoch keinen Mechanismus zur offiziellen Überwachung von Erdbeben oder zur Messung ihrer Stärke und Intensität. Und so entwickelten Drummond und Macfarlane etwas Eigenes: ein in Nord-Süd- und Ost-West-Ausrichtung liegendes Kreuz aus Buchsbaumholz. Darauf setzte das Duo verschieden dicke Holzzylinder und umgab sie mit Sand, um zu verhindern, dass sie wegrollten. Bei einem Erdbeben würden die Zylinder nun von dem Kreuz fallen, wobei die kleineren Zylinder vor ihren dickeren Nachbarn fallen und daher einen Hinweis auf die Stärke eines Bebens geben würden. Das System funktionierte – das erste Seismometer war geboren! Aktuell werden übrigens in Großbritannien jährlich rund 300 Erdstöße registriert, von denen die Menschen allerdings nur etwa zehn Prozent wahrnehmen.

119.

Wie testete der US-amerikanische Kaufhausunternehmer Frank Winfield Woolworth die Fähigkeiten seiner Filialleiter?

A: Er ging verkleidet in seine Läden und versuchte zu stehlen.

B: Er rief sie nachts an und stellte Fragen zum Sortiment.

C: Er bat sie darum, eine Rechenaufgabe schnell im Kopf zu lösen.

A: Er ging verkleidet in seine Läden und versuchte zu stehlen.

Frank Winfield Woolworth, Sohn eines Bauern, war ein ausgesprochen geschäftstüchtiger Mann. Als Lehrling in einem kleinen Krämerladen bemerkte er, wie die Leute auch den letzten Ladenhüter kauften, sobald er für ein paar Cent an der Theke angeboten wurde. Daraus entwickelte er eine zündende Geschäftsidee: Mit 27 Jahren eröffnete er im Februar 1879 in Utica, New York, ein Geschäft, in dem jeder Artikel nur fünf Cent kostete. Neu war auch, dass die Ware von der Kundschaft vorab begutachtet werden konnte. Zunächst floppte die Idee, da Angebot und Kundenkreis zu gering waren. Also zog er weiter nach Lancaster, Pennsylvania – diesmal mit durchschlagendem Erfolg. 15 Jahre später gehörten ihm 76 Filialen in zehn US-Bundesstaaten. 1913 errichtete Woolworth in New York das bis dahin höchste Gebäude der Welt. Es kostete 13,5 Millionen Dollar, die er in bar bezahlte.

Doch so großzügig er einerseits war, so pingelig war er auf der anderen Seite. Um herauszufinden, ob seine Angestellten ehrlich und aufmerksam arbeiteten, ging er angeblich oft verkleidet in seine Läden – am Ende waren es rund tausend – und versuchte sich als Ladendieb. Ob und wie oft er dabei erwischt wurde, ist jedoch nicht überliefert. Als er 1919 mit 66 Jahren starb, war er Multimillionär. Noch 60 Jahre später galt Woolworth als das größte Kaufhausunternehmen der Welt. Danach ging es bergab. 1997 wurde die letzte Filiale in den USA geschlossen. Hierzulande existieren Stand 2023 rund 500 Läden.

120.

Der schiefe Turm von Pisa …?

A: neigte sich zunächst in Richtung Norden statt Süden

B: war ursprünglich als Leuchtturm geplant

C: stand zunächst in Rom und wurde erst später nach Pisa versetzt

A: neigte sich zunächst in Richtung Norden statt Süden

Drei Bauphasen waren nötig, und es vergingen fast zwei Jahrhunderte seit dem Baubeginn im Jahre 1173, um den Turm von Pisa zu errichten. Wie in Norditaliens größeren Städten üblich, wird der Glockenturm – der sogenannte Campanile – separat von der eigentlichen Kirche errichtet. So auch in Pisa. Als die dritte Etage errichtet war, begann sich der Turmstumpf zu neigen, und zwar zunächst in Richtung Norden! Schuld war der instabile Untergrund aus Sand, Ton und Sedimenten vom Grund der Flüsse Arno und Serchio. Die Architekten versuchten, mit Korrekturen in den Bauplänen, wie der Konstruktion kleinerer Säulen auf der Nordseite, den Schiefstand auszugleichen. Doch als der Turm weitere Stockwerke bekam, änderte sich sein Schwerpunkt, und der Turm neigte sich nach Süden, wie er es bis heute tut. Mitte des 14. Jahrhunderts betrug die Abweichung 1,63 Meter.

Im Laufe der Jahrhunderte verlangsamte sich die Neigung des rund 55 Meter hohen Turms, vermutlich aufgrund seines Gewichts. Doch als bei Restaurierungsarbeiten im Jahr 1835 der schlammige Boden durch ein Marmorfundament ersetzt wurde, beschleunigte sich die Schieflage erneut. In den 1990er-Jahren wurde der rund 14 500 Tonnen schwere Turm geschlossen, saniert und seine Schräglage stabilisiert. Zu diesem Zeitpunkt hatte er einen Neigungswinkel von rund 5,5 Grad. Aktuell sind es etwa 3,5 Grad, was etwa fünf Meter von der Senkrechten entfernt ist. Seit 2001 ist der Turm wieder zur Besichtigung freigegeben.

121.

Neue Emojis für Computer und Smartphones …?

A: werden vorab vom japanischen Minister für Technologie genehmigt

B: können seit August 2022 Teil einer E-Mail-Adresse sein

C: können von jedem Menschen vorgeschlagen und eingereicht werden

C: können von jedem Menschen vorgeschlagen und eingereicht werden

Wie oft haben Sie diese drei Zeichen schon verwendet: Doppelpunkt, Bindestrich, Klammer zu. Beziehungsweise :-) Vor rund 40 Jahren wurde dieser simple Smiley erstmals genutzt. Es ist gewissermaßen der Großvater der beliebten Emojis und ein Teil des Unicode-Standards. Dieser legt fest, wie Schrift elektronisch gespeichert werden kann. Heute enthält der damit bestimmte Zeichensatz rund 145 000 Zeichen. Die Emojis, die 2011 für Handy-Betriebssysteme eingeführt wurden, gehören dazu. Der Begriff stammt aus dem Japanischen und kann mit dem Wort »Bildschriftzeichen« übersetzt werden. Erfunden hat die bunten Symbole der Japaner Shigetaka Kurita.

Jedes Jahr gibt es neue Emojis, und jeder Mensch kann Designvorschläge für neue digitale Bildchen einreichen. Die muss man allerdings gut begründen, und vor allem dürfen sie keinem bereits bestehenden Emoji ähneln. Welche Symbole letztlich Eingang in die Kommunikationswelt finden, legt das Unicode-Konsortium fest, eine gemeinnützige weltweite Organisation, die unsere digitale Kommunikation standardisiert. Der chinesische Künstler Xu Bing hat sogar ein ganzes Buch nur mit Emojis, Symbolen und Logos verfasst. Seine Geschichte kann auf diese Weise in vielen verschiedenen Sprachen verstanden werden. Missverständnisse sind, wie wohl jeder Mensch schon mal erfahren hat, bei einzelnen Emojis allerdings nicht ausgeschlossen. Oder wussten Sie, dass der berühmt-berüchtigte lächelnde braune Haufen ursprünglich für »Glück« stand?

122.

Wodurch ist der aus dem 19. Jahrhundert stammende Gassenhauer »Die Holzauktion« auch heute noch bekannt?

A: Seine vierte Strophe beginnt mit »Ein Prosit der Gemütlichkeit«.

B: Er startet mit den Worten »So ward der Holzmichl geboren«.

C: Er lieferte die Melodie für »Meine Oma fährt im Hühnerstall Motorrad«.

C: Er lieferte die Melodie für »Meine Oma fährt im Hühnerstall Motorrad«.

Der Ohrwurm »Die Holzauktion«, dessen musikalische Herkunft unbekannt ist, gilt als vermutlich meistgespielter Rheinländer – ein polkaähnlicher Tanz, der im letzten Drittel des 19. Jahrhunderts populär war. Der von Franz Meißner geschriebene Text bezieht sich auf die damalige Rodung weiter Teile des Grunewaldes. Das damalige Naherholungsgebiet am Stadtrand Berlins wurde zu einem reichen Villenviertel. Im Zuge dessen wurden den Berlinern große Mengen Holz zu niedrigen Preisen angeboten.

Die Melodie machte sich später selbstständig. Vor allem ihr dritter Teil setzte sich durch und wurde ab 1922 zu dem gern im Karneval gesungenen Schlager »Wir versaufen unsrer Oma ihr klein Häuschen«, dessen Text der Sänger und Schauspieler Robert Steidl schrieb. Angesichts der finanziellen Notlage des Deutschen Reiches hat der Inhalt durchaus einen ernsten Hintergrund.

Nahezu zeitgleich entstand der Nonsenstext »Meine Oma fährt im Hühnerstall Motorrad«, dessen Urheber unbekannt ist. Diese Version erfuhr im Lauf der Jahrzehnte viele mehr oder weniger witzige Wendungen – von »Meine Oma hat 'nen Bandwurm, der gibt Pfötchen« bis zu »Meine Oma mahlt den Kaffee mit Atomkraft«. Berühmt-berüchtigt wurde im Jahr 2019 eine vom WDR ausgestrahlte Fassung, in der es heißt: »Meine Oma ist 'ne alte Umweltsau.«

123.

Welche Investitionen wirken sich laut einer Bostoner Unternehmensberatung am stärksten auf den Klimaschutz aus?

A: in klimafreundlichere und besser gedämmte Gebäude

B: in Fleischersatzprodukte auf pflanzlicher Basis

C: in emissionsfreie Fahrzeuge

B: in Fleischersatzprodukte auf pflanzlicher Basis

»Pflanzenfleisch schlägt E-Auto.« Das ist, in Kurzform, das Ergebnis einer Studie der Unternehmensberatung Boston Consulting Group (BCG) aus dem Sommer 2022. Demnach verursacht Nutztierhaltung etwa 15 Prozent der weltweiten Emissionen. Abhilfe können alternative Proteine schaffen. Würde man mehr in pflanzliche Fleischalternativen wie zum Beispiel Sojaprodukte investieren, ließen sich dadurch, so die Studie, bis zu siebenmal mehr Treibhausgase einsparen als durch klimafreundlichere und besser gedämmte Gebäude. Im Vergleich zu emissionsfreien Fahrzeugen wäre die Auswirkung sogar elfmal höher.

Der weltweite CO_2-Ausstoß der Landwirtschaft lag 2021 bei 36,3 Gigatonnen. Voraussichtlich werden auf unserem Planeten bis ins Jahr 2035 elf Prozent mehr alternative Proteine konsumiert. Auf diese Weise würde rund eine Gigatonne CO_2 eingespart, sagt die BCG-Studie. Aufgrund dieser Erkenntnis fordert der Bundesverband der Organisation »Menschen für Tierrechte« von der Politik, mehr Anreize für den Umstieg auf pflanzliche Produkte zu schaffen, ähnlich wie bei der Förderung von Elektroautos oder effektiverer Gebäudedämmung. Dazu gehörten eine drastische Reduzierung der Tierbestände, die unter anderem durch Hilfen für Landwirtinnen und Landwirte, die aus der Tierhaltung aussteigen wollen, erreicht werden könnten. Genauso wichtig sei es aber, dass Sojaprodukte oder andere pflanzliche Proteinquellen nicht wesentlich teurer als Fleisch sein dürften.

124.

Wie wurde der Brite Maurice Flitcroft im Golfsport unsterblich?

A: Er spielte die schlechteste Runde der British Open aller Zeiten.

B: Er erfand den elektrischen Golfwagen und das Abschlag-Tee.

C: Er war der einzige Brite, der jemals die British Open gewann.

A: Er spielte die schlechteste Runde der British Open aller Zeiten.

Seit 1860 werden die altehrwürdigen British Open ausgetragen – das älteste und eines der bedeutendsten Golfturniere der Welt. 116 Jahre später, im Jahr 1976, schaffte es der damals 47-jährige Kranfahrer Maurice Flitcroft aus Manchester, als schlechtester Spieler aller Zeiten in die Geschichte des Turniers einzugehen. Die Open stehen im Prinzip jedem Golfspieler offen, der sich qualifiziert. Flitcroft gab sich als Profigolfer aus, wohl wissend, dass die Ausrichter auf die Anmeldungen von Amateuren einen genaueren Blick werfen, weil man ihnen weniger zutraut.

Aber Flitcroft war nicht einmal Amateur, er war im Grunde genommen blutiger Anfänger. Das hätte schon seine Ausrüstung zeigen können, die lediglich aus einem halben Schlägersatz bestand, den er sich beim Versandhandel bestellt hatte. Jedenfalls benötigte der Möchtegernprofi für die erste Runde 121 Schläge, was mit 49 über Par – also dem Platzstandard – das Schlechteste war, das je auf dem Turnier geboten wurde. Regeln, die den Hochstapler aus dem Wettbewerb nehmen konnten, gab es damals nicht, was sich später änderte. Flitcroft bekam Platzverbot auf allen britischen Golfanlagen, versuchte jedoch auch weiterhin, sich unter Pseudonym in Golfturniere zu schmuggeln, wurde aber stets erwischt. Für viele war er trotzdem ein heimlicher Held. Im Jahr 2021, 14 Jahre nach seinem Tod, wurde sein Leben unter dem Titel »The Phantom of the Open« verfilmt.

125.

Nachdem die Bauunternehmerin Mary Anderson im Winter 1903 mit einer Straßenbahn durch New York City gefahren war, ...?

A: entwickelte sie den ersten funktionstüchtigen Scheibenwischer

B: eröffnete sie das weltweit erste Geschäft für Schneekugeln

C: zeichnete sie die erste Karte des Verkehrsnetzes von New York City

A: entwickelte sie den ersten funktionstüchtigen Scheibenwischer

An einem frostigen Wintertag im Jahr 1902 stattete die Unternehmerin Mary Anderson New York City einen Besuch ab. Als sie dabei eine Straßenbahnfahrt unternahm, fiel ihr auf, dass der Fahrer aufgrund des Eisregens die Windschutzscheibe geöffnet hatte. Ihr war klar, dass dies für ihn keineswegs angenehm sein konnte. Doch wie anders hätte er sehen können, was auf der Straße vor sich ging? Diese Situation ging ihr nicht aus dem Kopf, und als sie wenig später zurück in ihrem Wohnort Birmingham, Alabama, war, begann sie zu tüfteln.

Heraus kam ein hölzerner Hebel mit Gummiblatt, den man von innerhalb des Fahrzeugs betätigen konnte und der mit einem Gegengewicht auf der Scheibe gehalten wurde. Ein Jahr später, im Juni 1903, beantragte sie ein Patent. Dabei beschrieb sie, dass »die Wischarme innerhalb der Wischzone einen gleichmäßigen Druck auf die Glasscheibe ausüben und dass die einzelnen Teile der Vorrichtung unabhängig voneinander arbeiten« sollten. Der Scheibenwischer war geboren. Ein knappes halbes Jahr später, am 10. November 1903, erhielt sie das Patent mit der Nummer 743 801. Reich wurde Mary Anderson damit nicht, denn kurz nach der Jahrhundertwende glaubte man noch nicht an den Massenerfolg von Kraftfahrzeugen. Erst nachdem das Patent im Jahr 1920 ausgelaufen war, wurden Scheibenwischer eine Selbstverständlichkeit.

126.

Forschende der Johns-Hopkins-Universität fanden kürzlich heraus, dass die Wirkgeschwindigkeit von herkömmlichen Tabletten …?

A: mit dem Härtegrad ihrer Pressung zusammenhängt

B: durch die Körperhaltung gesteuert werden kann

C: sich verlangsamt, wenn der Patient frisch verliebt ist

B: durch die Körperhaltung gesteuert werden kann

Wer Tabletten einnehmen muss, achtet in aller Regel darauf, ob diese vor, zum oder nach dem Essen zu schlucken sind und ob dazu Wasser getrunken werden soll. Forschende der Johns-Hopkins-Universität in Baltimore haben nun herausgefunden, dass auch die Körperhaltung während der Einnahme einen entscheidenden Einfluss auf die Wirkgeschwindigkeit eines Medikaments hat. Sie entwickelten im Jahr 2022 ein spezielles Modell, das den menschlichen Magen simuliert. An ihm ließ sich beobachten, wie Nahrung und Tabletten aufgelöst, vermischt und entleert werden. Dabei stellte sich heraus, dass einerseits von Bedeutung ist, welche Art Nahrung zusammen mit dem Medikament eingenommen wird. Beispielsweise verzögert fettes Essen auch die Wirkung von Medizin, weil es die Verdauung verlangsamt.

Aber die Forschenden kamen andererseits auch zum Ergebnis, dass das Medikament den am tiefsten liegenden Teil des Magens dann erreicht, wenn man bei der Einnahme auf der rechten Seite liegt. Dadurch kann es sich bereits nach zehn Minuten auflösen. In der stehenden Position dauert es etwa zweieinhalbmal so lang, bis die Wirkung einsetzt. Liegt man bei der Einnahme einer Tablette links, können etwas mehr als anderthalb Stunden vergehen, ehe sie sich auflöst und den Wirkstoff freigibt. Diese Erkenntnis kann nicht zuletzt für bettlägerige Menschen von Bedeutung sein.

PHYSIK DES ALLTAGS

Vom schillernden Farbenspiel einer Seifenblase lässt sich ableiten, …?

A: wie schnell sie platzt

B: wie schnell sie fliegen kann

C: wie das Wetter am nächsten Tag wird

A: wie schnell sie platzt

Wie leicht kann man Kindern eine Freude machen, indem man Seifenlauge durch ein Röhrchen pustet und auf diese Weise wunderschöne Seifenblasen erzeugt! Doch auch Erwachsene sind immer wieder fasziniert, wenn die wunderschönen Kugeln ihr Farbenspiel entfalten, das an einen Regenbogen erinnert. In der Tat entsteht in beiden Fällen ein ähnliches Phänomen. Licht besteht aus vielen Farben, von denen jede eine andere Wellenlänge hat. Ist es gebündelt, erscheint es uns als weiß. Sobald sich das Licht aber bricht, zum Beispiel in Wassertropfen, fächert es sich in einzelne Farben auf.

Bei Seifenblasen bricht sich das Licht jedoch nicht wie in Wassertropfen, sondern die Blasen bestehen aus zwei dünnen Seifenschichten, zwischen denen Wasser eingeschlossen ist. Fällt Licht auf diese Schichten, wird ein Teil davon von der ersten und ein anderer Teil von der zweiten Schicht reflektiert. Bei dieser sogenannten Interferenz treffen unterschiedlich lange Lichtwellen aufeinander, die sich überlagern oder abschwächen. Je nach Abstand der Schichten wird ein anderer Lichtanteil verstärkt, sodass die Seifenblase in verschiedenen Farben schillert. Bei einer roten Blase ist die Wandstärke noch hoch. Schimmert sie in grünen und blauen Farbtönen, wird die Schicht schon dünner. Irgendwann muss die Seifenblase der Schwerkraft Tribut zollen und sinkt zu Boden. Dann verblasst die Farbenpracht, und sobald die Kugel schließlich oben dunkel scheint, ist ihr Ende nahe, und sie zerplatzt.

127.

Was ließ sich der Schweizer Gartenarchitekt Paul Bongni 1953 patentrechtlich schützen?

A: Minigolf-Anlage

B: Trimm-dich-Pfad

C: Gartenschach

A: Minigolf-Anlage

Wer hat's erfunden? Der Schweizer Gartenarchitekt Paul Bongni! Der errichtete im Jahr 1953 in Locarno unweit des Lago Maggiore den ersten genormten Minigolfplatz. Zwar gab es seit den 1920er-Jahren in England und den USA ähnliche Anlagen mit unterschiedlichen Hindernisbahnen – von der Windmühle bis zum Scheunentor. Aber es war eben Bongni, der sich die Bezeichnung »Minigolf« patentrechtlich schützen ließ. Nach seiner Idee sollte jeder Mensch die Möglichkeit haben, günstig Golf zu spielen, und sei es in kleinerem Maße. Auf diese Weise schuf er die Voraussetzung, dass überall Minigolfbahnen nach dem gleichen Muster, zum Beispiel mit den vom Großgolf her gewohnten 18 Löchern, gebaut werden konnten.

Schon zwei Jahre später, 1955, wurde in Traben-Trarbach an der Mosel die erste Minigolf-Anlage Deutschlands eröffnet. Aktuell gibt es hierzulande rund 2000 Anlagen. Gespielt wird hauptsächlich auf Eternit und Beton – aus dem auch die von Bongni genormte Bahn bestand. Zunehmend beliebt wird das aus Skandinavien kommende Filzgolf. Dem deutschen Minigolfsportverband gehören aktuell 222 Vereine an. Selbstverständlich gibt es auch eine Bundesliga. Dem Minigolfweltverband sind mehr als 60 Nationen angeschlossen. Seit 1992 finden alle zwei Jahre Weltmeisterschaften statt. Die ersten Titel gingen sowohl bei den Damen als auch bei den Herren standesgemäß an die Schweiz.

128.

Was gilt laut OLG Frankfurt für eine Vorversion eines Videospiels, die nach dem Herunterladen noch nicht komplett nutzbar ist?

A: Sie darf keine exklusiven Vorbesteller-Boni enthalten.

B: Das Spiel muss nach spätestens drei Monaten nutzbar sein.

C: Das 14-tägige Widerrufsrecht darf nicht ausgeschlossen werden.

C: Das 14-tägige Widerrufsrecht darf nicht ausgeschlossen werden.

Bereits vor dem offiziellen Erscheinungsdatum hatte ein asiatischer Videospiele-Hersteller in seinem Onlineshop Videospiele zum Download angeboten. Dieser umfasste meist einen »Pre-Load« des Spiels. Pre-Load bedeutet, dass die Software des Spiels schon vor dem Veröffentlichungsdatum heruntergeladen und gegebenenfalls entpackt werden kann. Die Freischaltung erfolgt allerdings per Update erst zum offiziellen Starttermin. Solche Onlinekäufe können normalerweise innerhalb von 14 Tagen ohne Angabe von Gründen widerrufen werden.

Die Firma hatte jedoch dieses Widerrufsrecht ausgeschlossen und sich auf eine gesetzliche Ausnahmeregelung berufen. Daraufhin reichte der Verbraucherzentrale Bundesverband (vzbv) Klage ein, mit der Begründung, es seien keine Voraussetzungen für ein Erlöschen des Widerrufsrechts gegeben. Das Widerrufsrecht sei eine wichtige Errungenschaft des Verbraucherschutzes und dürfe nicht von Unternehmen umgangen werden. Der Download enthalte kein nutzbares Spiel und sei somit für die Kaufenden wertlos. Von daher sei der Vertrag mit dem Anbieter nicht erfüllt. Das Oberlandesgericht Frankfurt gab den Verbraucherschützern in zweiter Instanz in einem Urteil von 2021 recht (Aktenzeichen 6 U 275/19). Das 14-tägige Widerrufsrecht müsse auch dann gelten, wenn ein Videospiel vorab gekauft, aber noch nicht spielbar ist.

129.

Das »Black Dog Syndrome« besagt, dass …?

A: schwarze Hunde seltener aus Tierheimen adoptiert werden

B: böse Hunde in Filmen immer schwarzes Fell haben

C: schwarze Hunde öfter gestreichelt werden

A: schwarze Hunde seltener aus Tierheimen adoptiert werden

Wer kennt nicht die Geschichten vom Grimm, dem Hund aus den Harry-Potter-Geschichten, der als schlimmstmögliches Todesomen gilt? Oder vom Hund von Baskerville, der in einem der spannendsten Sherlock-Holmes-Romane eine gruselige Rolle spielt? Sie sind genauso schwarz wie der Hund, der in einem berühmten Zeichentrickfilm symbolisch für eine Depression steht. Im britischen Volksglauben ist der schwarze Hund ein geisterhaftes Wesen. Vielerorts besagt der Aberglaube, dass in einem schwarzen Hund der Teufel steckt und man ihn deshalb töten darf.

Wissenschaftliche Experimente haben ergeben, dass Testpersonen überwiegend schwarzen Hunden die Schuld an einem Bissgefecht gaben, während hellen Artgenossen in der gleichen Situation zugutegehalten wurde, sie seien provoziert worden. Kurzum: Bei schwarzen Hunden werden, ähnlich wie bei schwarzen Katzen oder Raben, häufig negative Vorurteile geweckt. Kein Wunder, dass sie in Tierheimen oft am längsten auf eine Adoption warten müssen. Wenn sie denn überhaupt ein Frauchen oder Herrchen finden. Dieses auch durch Statistiken belegte Phänomen wird als »Black Dog Syndrome« bezeichnet. Um dieses Leid zu lindern, wurde die Seite www.schwarze-hunde.de ins Leben gerufen, die ausnahmslos schwarze Hunde aus vielen Ländern vermittelt.

130.

In Großbritannien, Irland und Spanien erhalten Arbeitnehmende einen freien Montag, wenn …?

A: am Tag davor Wahlen stattfanden

B: ein gesetzlicher Feiertag auf das vorherige Wochenende fällt

C: sie am Wochenende zuvor einen runden Geburtstag hatten

B: ein gesetzlicher Feiertag auf das vorherige Wochenende fällt

Wenn bestimmte bewegliche Feiertage auf ein Wochenende oder einen Sonntag fallen, ist das für Arbeitnehmende oft ärgerlich. Sie haben dann einen Feiertag weniger. Schon länger diskutiert die Politik hierzulande darüber, ob sich daran etwas ändern lässt, allerdings bislang ohne konkretes Ergebnis. Begründet wird die Forderung nach einer Änderung mit dem Hinweis nach nötiger Erholung. Einer Umfrage aus dem Jahr 2021 nach ist die Hälfte aller erwachsenen Deutschen dafür, bundesweite Feiertage, die auf ein Wochenende fallen, am darauffolgenden Montag als freien Tag nachzuholen.

In sage und schreibe weltweit 85 Ländern ist man da schon einen Schritt weiter. So können sich beispielsweise Angestellte in Großbritannien, Irland und Spanien über einen arbeitsfreien Montag freuen. Fällt in den drei Ländern ein gesetzlicher Feiertag auf das Wochenende, so wird er am nachfolgenden Montag nachgeholt. Ausgenommen sind dabei Feiertage wie Ostersonntag oder Pfingstsonntag, die immer an einem Sonntag liegen. Gegen eine solche Regelung für Deutschland spricht, dass unser Land innerhalb der EU zusammen mit Dänemark auch jetzt schon die meisten freien Tage hat. 2024 fallen bei uns übrigens keine Feiertage auf ein Wochenende, lediglich der nur in einigen Bundesländern begangene Dreikönigstag fällt auf einen Samstag. Wenn das keine gute Nachricht ist …

131.

Forschende der Universität Trier entdeckten 2022 in einem handelsüblichen ...?

A: Autoreifen fossile Rückstände von Dinosauriern

B: Joghurt mehr Bakterienkulturen, als Menschen auf der Welt leben

C: Teebeutel die DNA von bis zu 400 verschiedenen Insektenarten

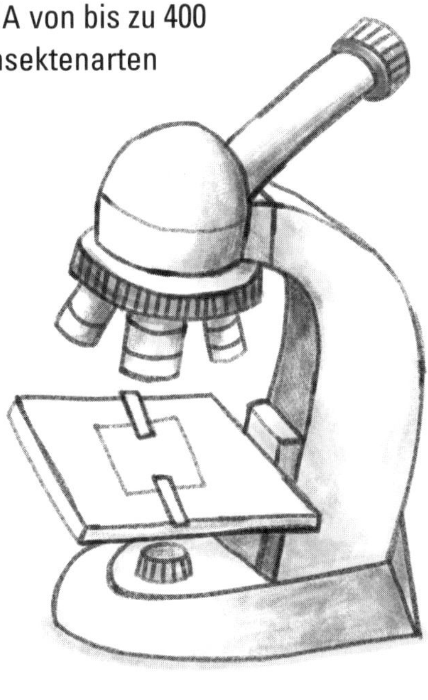

C: Teebeutel die DNA von bis zu 400 verschiedenen Insektenarten

Welche Insekten lebten und leben auf dieser Erde, und wie lassen sich ihre Spuren nachweisen? Das ist schwer herauszufinden, denn die DNA, die sie hinterlassen, wenn sie auf den Pflanzen herumkrabbeln und diese bestäuben, wird ja beim nächsten Regen wieder abgewaschen und verschwindet auch durch UV-Strahlen. Aber Forschende der Universität Trier haben jetzt eine Methode entwickelt, wie sich aus getrockneten Pflanzen doch noch DNA-Spuren herauslesen lassen. Sie nutzten dazu – Teebeutel!

Mithilfe des neuartigen Verfahrens untersuchten sie zerkleinertes und getrocknetes Pflanzenmaterial. In einem handelsüblichen Teebeutel entdeckten sie dabei die DNA-Rückstände von bis zu 400 Insektenarten. Der Grund für die hohe Zahl: Die neue Untersuchungsmethode ist so genau, dass schon eine einzige Berührung der Pflanze, etwa durch eine Biene, ausreicht, um anschließend die DNA-Rückstände der Biene herauszufiltern. Mit dem Verfahren kann jetzt untersucht werden, wie sich die Landwirtschaft auf die Insektenbestände auswirkt. Überdies warten in den Museen zahllose getrocknete Pflanzenproben aus früheren Jahrhunderten darauf, untersucht zu werden. Sie können Aufschluss über das Leben und die Verbreitung von Insekten in der Vergangenheit geben. Da die Methode mit einfachen Teebeuteln funktioniert, ist sie aber auch für den Schulunterricht interessant.

132.

Um die Nahrungsaufnahme zu maximieren, …?

A: halten Tüpfelhyänen beim Fressen mehrere Minuten die Luft an

B: schwimmen Mantarochen Loopings durch Planktonschwärme

C: hacken Kaiserpinguine vor ihren Tauchgängen Löcher ins Eis

B: schwimmen Mantarochen Loopings durch Planktonschwärme

Sie werden bis zu acht Meter lang, sieben Meter breit und können weit über eine Tonne wiegen: Mantarochen. Ihren Namen haben sie vom spanischen Wort für Decke und ihren einstigen Ruf, für Menschen gefährlich zu sein, von den Seeleuten des 18. und 19. Jahrhunderts. Dieser entspricht allerdings nicht der Wahrheit. Vielmehr dulden die vom Aussterben bedrohten sanftmütigen Kolosse auch Taucher in ihrer Nähe. Die Gattung Manta gibt es seit 1829, der Riesenmanta trägt seit 2017 die wissenschaftliche Bezeichnung Mobula birostris. Im Prinzip sind die Fische abgeflachte Haie.

Mantas kommen weltweit in allen warmen Meeren vor und bevorzugen flache Küstengewässer. Die Riesen ernähren sich überwiegend von kleinen Fischen und Plankton. Diese nehmen sie direkt in ihr Maul auf und filtern sie dann aus dem Meerwasser. Wie ein Mähdrescher schieben sie sich mit weit aufgesperrtem Maul durch den Krebsschwarm. An Stellen mit besonders viel Krill schwimmen sie sogar Purzelbäume und Loopings, um an Ort und Stelle das Maximum an potenzieller Nahrung aufzunehmen. In den Malediven wurde beobachtet, wie Mantas manchmal eine regelrechte Fresskette von mehr als 50 Fischen bilden, um sich den Magen mit ihrer Lieblingsspeise vollzuschlagen.

133.

Wer seinen deutschen Reisepass im Nicht-EU-Ausland verliert, ...?

A: muss die deutsche Botschaft oder das Konsulat kontaktieren

B: kann den Führerschein als Reisedokument benutzen

C: dem reicht an der Grenze eine Kopie des Reisepasses

A: muss die deutsche Botschaft oder das Konsulat kontaktieren

Man befindet sich im Ausland, und – o Schreck! – der Reisepass ist weg. Hat man ihn verloren, oder wurde er sogar gestohlen? Wie auch immer: Deutsche Staatsangehörige sollten sofort Kontakt zum Konsulat oder zur deutschen Botschaft im jeweiligen Land aufnehmen. Diese stellen einen vorläufigen Reiseausweis als Passersatz zur Rückkehr nach Deutschland aus. Er ist jedoch lediglich für kurze Zeit und nur für die direkte Einreise nach Deutschland gültig. Auch ist es nötig, wegen der Verlustanzeige umgehend Kontakt zur örtlichen Polizei aufzunehmen, was oft von der Auslandsvertretung übernommen wird. Im Falle eines Diebstahls leitet die Polizei auch ein Ermittlungsverfahren ein, um einen Missbrauch zu verhindern.

Besonders problematisch wird es, wenn das Missgeschick in einem Nicht-EU-Land passiert, denn hier muss man gegebenenfalls bei der Ausreise den Einreisestempel im Reisepass vorzeigen. Als Ersatz benötigt man dann ein spezielles Ausreisevisum, was die Heimreise deutlich verzögern kann. In jedem Fall ist es ratsam, bei Auslandsreisen stets eine Kopie seiner Ausweispapiere mitzuführen, mit denen man seine Identität beweisen kann. Ferner sollte man wichtige Telefonnummern speichern, etwa die Hotline der Bank oder des Auswärtigen Amtes. Übrigens: Andere verlorene Ausweispapiere wie etwa der Führerschein können nur in Deutschland neu beantragt werden.

134.

Kidneybohnen aus der Dose …?

A: sollten für eine bessere Verträglichkeit abgespült werden

B: sind vitaminreicher als selbst eingeweichte Bohnen

C: enthalten häufig Schwermetallspuren

A: sollten für eine bessere Verträglichkeit abgespült werden

Nix Metall! Nix Schadstoffe! Der Mehrfachzucker aus den Bohnen ist es, der sich bei Kidneybohnen aus der Dose in der Flüssigkeit ansammelt. Er ist schwer verdaulich und kann Blähungen verursachen. Wer Kidneybohnen aus der Dose verwendet, sollte deshalb nicht nur die Flüssigkeit abgießen, sondern die Bohnen vor der Zubereitung auch abspülen. Außerdem besitzt die Flüssigkeit einen etwas herben Eigengeschmack. Verwendet man die Kidneybohnen pur, etwa im Salat, schmeckt man diese herbe Note doch leicht heraus.

Die Empfehlung fürs vorherige Waschen gilt auch für weitere Hülsenfrüchte wie weiße Bohnen und Linsen. Bei anderem Dosengemüse hingegen, etwa bei Möhren, kann die Flüssigkeit bedenkenlos zusammen mit dem Gemüse verwendet werden. Sie besteht ohnehin meist nur aus Wasser und etwas Salz oder Gewürzen, enthält aber durchaus auch wertvolle, aus dem Gemüse ausgetretene Nährstoffe. Ist der Saft allerdings mit Zucker versetzt, sollte man ihn lieber weggießen.

135.

Warum untersuchte das FBI den 1960er-Hit »Louie, Louie« der US-Rockband The Kingsmen?

A: Es wurde vermutet, dass der genuschelte Text anstößig sei.

B: Der Song wurde in einem Studio in Kuba aufgenommen.

C: »Louie« war der Codename des Secret Service für J. Edgar Hoover.

A: Es wurde vermutet, dass der genuschelte Text anstößig sei.

Richard Berry (1935–1997) war ein eifriger und durchaus erfolgreicher Rock 'n' Roll-Interpret und Songschreiber. 1955 verfasste er den Rhythm-&-Blues-Klassiker »Louie, Louie«, für den sich Berry vermutlich von einem kubanischen Cha-Cha-Cha beeinflussen ließ. Acht Jahre später, 1963, nahm die US-Rockband The Kingsmen eine stark veränderte Coverversion des Songs auf, die zudem aus den unterschiedlichsten Gründen ziemlich amateurhaft produziert war. Vor allem der Gesang war vernuschelt und ließ Raum für alle möglichen Interpretationen. Trotzdem schaffte es der Titel bis auf Platz zwei der US-amerikanischen Hitparade.

Es dauerte nicht lange, bis beim FBI Beschwerden besorgter Eltern eintrudelten. Demnach enthalte das Lied eindeutige Obszönitäten, die bei einer Abspielgeschwindigkeit von 33 1/3 statt der bei Singles üblichen 45 Umdrehungen pro Minute zu hören seien und gegen das Gesetz verstoßen würden. Die Untersuchungen des FBI dauerten sage und schreibe 31 Monate und führten zu einem 250 Seiten dicken Bericht. Demnach stieß das FBI zwar auf diverse gefälschte Texte, die im Umlauf waren. Man kam jedoch nach vielen Befragungen und Plattenspielertests im eigenen Labor zum Schluss, der Originalinhalt sei bei keiner abgespielten Geschwindigkeit verständlich. Dennoch wurde der Song von vielen Radiostationen und Plattenläden boykottiert. The Kingsmen hatten nie wieder einen Hit.

136.

Damit kohlensäurehaltige Getränke in bereits geöffneten PET-Flaschen länger sprudelig bleiben, sollte …?

A: die Flasche liegend gelagert werden

B: der Flaschenhals fest zusammengedrückt verschlossen werden

C: die Flüssigkeit mit einer Messerspitze Salz vermengt werden

B: der Flaschenhals fest zusammengedrückt verschlossen werden

PET-Flaschen bestehen aus Polyethylenterephthalat. Sie werden mittels eines thermischen Verfahrens mit Wärme und Druckluft hergestellt. Im Gegensatz zu vielen Getränkeflaschen aus anderen Kunststoffen enthalten PET-Flaschen weder gesundheitsschädliches Bisphenol A noch Weichmacher in Form von Phthalaten. Der PET-Einweganteil in Deutschland für alkoholfreie Getränke beträgt mehr als 78 Prozent.

Anders als Glas ist PET gasdurchlässig. Deswegen sind manche Getränke auch in geschlossenen Flaschen bereits nach einigen Wochen schal. Der Effekt verstärkt sich bei bereits geöffneten kohlensäurehaltigen Getränken. Denn hier verbindet sich die Kohlensäure im Getränk mit der vorhandenen Luft in der Flasche und verflüchtigt sich somit im Getränk. Um das zu verhindern, hilft es, die Flasche nach dem Öffnen am Flaschenhals zusammenzudrücken und erst dann wieder zu verschließen. Die Kohlensäure hat auf diese Weise weniger Platz, nach oben zu entweichen. Das Ergebnis: Das Getränk bleibt länger erfrischend sprudelig.

Übrigens können auch Gase *in* die Flasche kommen. So kann eindringender Sauerstoff aus der Umgebungsluft zu Geschmacksveränderungen des Inhalts führen. Dies hängt davon ab, wie dick die Wand der Flasche ist. Aufgrund all dieser Effekte beträgt das Mindesthaltbarkeitsdatum bei Getränken in PET-Flaschen in der Regel nur sechs Monate, während es sich bei Glasflaschen normalerweise auf ein Jahr beläuft.

137.

Katzenminze hat nicht nur eine euphorisierende Wirkung auf Katzen, sondern …?

A: schützt sie auch vor Mückenstichen

B: sorgt ebenfalls dafür, dass die Krallen scharf bleiben

C: verbessert zusätzlich das Sehvermögen

A: schützt sie auch vor Mückenstichen

Das Schöne mit dem Nützlichen verbinden – nach diesem Prinzip funktioniert vieles in der Natur. Wenn wir das, was uns einen Nutzen bringt, gern tun, dann ist das einfach ein Überlebensvorteil. Das lässt sich auch an Katzen und ihrer Vorliebe für Katzenminze beobachten. Dass Katzen die Katzenminze lieben, ist allgemein bekannt. Die Samtpfoten reiben ihren Kopf daran, sie legen sich darauf und rollen sich darin herum. Auch lecken und kauen sie die Blätter gerne. Mit einem Wort: Katzenminze macht die Katze high, die Pflanze hat eine euphorisierende Wirkung auf den Stubentiger. Das belegt eine erhöhte Konzentration von Endorphinen, also Glückshormonen, im Blut von Katzen, nachdem diese Kontakt zur Katzenminze hatten. Wichtig aber: Zerdrückt und angeknabbert muss die Pflanze sein, erst das bringt den vollen Genuss.

Kürzlich nun hat ein Forschungsteam der japanischen Universität Iwate herausgefunden, dass auch hierbei Vergnügen und Nutzen zusammenfallen. Die Blätter der Katzenminze, vor allem der japanischen Variante »Matatabi«, sondern vermehrt sogenannte Irioide ab, wenn sie gedrückt und zerkaut werden. Diese bitteren Stoffe schützen die Pflanze vor Fressfeinden. Davon profitiert die Katze, wenn sie sich in den beschädigten Blättern herumwälzt: Sie ist dann besser vor Stechmücken geschützt.

138.

Als der Autor Arthur Conan Doyle 1894 in Großbritannien einen Bericht über seinen Aufenthalt in der Schweiz veröffentlichte, ...?

A: stieg Käsefondue auf Platz 1 der britischen Weihnachtsmenüs

B: legte er den Grundstein für den Skisport-Boom in der Schweiz

C: verbannte die beleidigte Queen seine Bücher aus ihrer Sammlung

B: legte er den Grundstein für den Skisport-Boom in der Schweiz

Der im schottischen Edinburgh geborene Sir Arthur Conan Doyle (1859–1930) war ohne Zweifel ein in vielen Dingen hochbegabter Mann. Als Schiffsarzt reiste er 1880 auf einem Walfänger in die Arktis, ein Jahr später nach Westafrika, um sich bald danach der Schriftstellerei zuzuwenden. Seine Sherlock-Holmes-Romane sind weltberühmt. Darüber hinaus war er ein talentierter Sportler: Er kickte als Torwart in Portsmouth, spielte erfolgreich Cricket und schrieb später über den Marathonlauf bei den Olympischen Spielen 1908 in London eine aufsehenerregende Reportage.

Doch bereits 14 Jahre zuvor hatte er sich im schweizerischen Davos dem Skisport zugewandt, der damals noch in den Kinderschuhen steckte. Am 23. März 1894 unternahm er mit den beiden Brüdern Tobias und Johannes Branger, die ihm innerhalb von drei Monaten das Skifahren beigebracht hatten, als einer der Ersten eine anstrengende hochalpine Tour von Davos nach Arosa. Darüber schrieb er in der britischen Zeitschrift »Strand Magazine«. Der Artikel löste ein großes Echo in seiner Heimat aus und sorgte in den kommenden Jahren dafür, dass das Skifahren in der Schweiz enorm an Popularität gewann – genauso, wie es Arthur Conan Doyle in seinem Bericht vorhergesehen hatte.

139.

Welchen Bonus handelte Tony Todd, Hauptdarsteller des Neunziger-Jahre-Horror-Klassikers »Candyman's Fluch«, aus?

A: Da er mit Bienen drehen musste, bekam er pro Stich 1000 US-Dollar.

B: Das Filmstudio schloss eine Zahn-Zusatzversicherung für ihn ab.

C: Statt Kunstblut wurden 750 Liter Erdbeersirup verwendet.

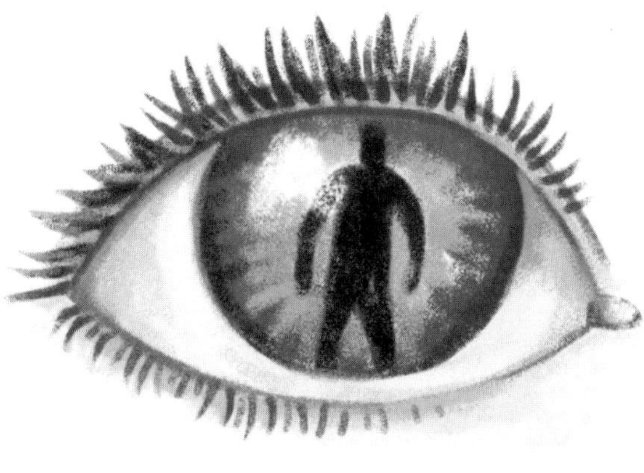

A: Da er mit Bienen drehen musste, bekam er pro Stich 1000 US-Dollar.

In Horrorfilmen mitzuspielen kann für manche Filmstars selbst zum Horror werden. Der US-amerikanische Leinwandstar Tony Todd ist ein gutes Beispiel dafür. Seit 1992 verkörperte er in mittlerweile vier Filmen den Untoten Candyman, nach einer Kurzgeschichte des britischen Erfolgsautors Clive Barker. Im ersten Teil »Candyman's Fluch« liebte Candyman als Sohn eines ehemaligen, schwarzen Sklaven verbotenerweise ein weißes Mädchen, das von ihm schwanger wurde. Daraufhin ließ deren Vater ihn grausam hinrichten, unter anderem, indem er mit Honig übergossen und anschließend von Hunderten Bienen totgestochen wurde.

Für den Film wurden echte Bienen verwendet. Es handelte sich um Spezialzüchtungen, die wie ausgewachsene Bienen aussahen, obwohl sie erst zwölf Stunden alt waren. Deswegen war ihr Stachel nicht stark genug, um wirklichen Schaden anzurichten. Trotzdem handelte Tony Todd in weiser Voraussicht einen drehbedingten Bonus aus – immerhin mussten ihm einige der Insekten sogar aus dem Mund krabbeln. Wohl ahnend, dass die Angelegenheit nicht ganz schmerzfrei verlaufen könnte, erhielt er laut Vertrag für jeden Stich einen Bonus von 1000 Dollar. Tatsächlich wurde er 23 Mal gestochen, was am Ende des Drehs ein nettes Schmerzensgeld von 23 000 Dollar ergab. Ob die Vereinbarung auch für die drei folgenden »Candyman«-Filme galt, ist nicht bekannt. Jedenfalls blieb Horrorfilmspezialist Todd weiterhin als Hauptdarsteller an Bord.

140.

Das sogenannte Wow!-Signal …?

A: gilt als stärkstes Indiz für die Existenz außerirdischen Lebens

B: bewirkt, dass beim Küssen die Augen geschlossen werden

C: ließ Hillary Clinton 2016 von Kunstfliegern in den Himmel schreiben

A: gilt als stärkstes Indiz für die Existenz außerirdischen Lebens

Am 15. August 1977 sitzen der US-amerikanische Astrophysiker Jerry E. Ehman und sein Team am »Big Ear«-Radioteleskop der Universität Ohio und lauschen nach außerirdischen Tönen im All. Ihr Job zählt zum sogenannten SETI-Projekt, das sich mit der Suche nach außerirdischen Zivilisationen beschäftigt. Um kurz vor Mitternacht melden die Computer ein rätselhaftes Signal, das direkt aus dem Sternbild des Schützen kommt. Es ist kein Klang, wie ihn das Weltall selbst erzeugt, es ist ein künstlicher Ton auf einer Frequenz von rund 1420 Megahertz.

Verblüfft schreibt ein Teammitglied auf den Computerausdruck, auf dem das Signal zu erkennen ist, »Wow!«. 72 Sekunden lang wird der Ton aufgezeichnet, dann verstummt er. Für immer! Bis heute ist das Wow!-Signal ungeklärt, es gilt allerdings als stärkstes Indiz für die Existenz außerirdischen Lebens. Selbst der populäre deutsche Astrophysiker Harald Lesch räumte 2010 im ZDF ein, das Signal besitze alle Kennzeichen eines interstellaren Kommunikationsversuchs. Allerdings könne es auch der gigantische Ausbruch eines Pulsars, also eines schnell rotierenden Neutronensterns, gewesen sein. Das »Big Ear«-Radioteleskop wurde 1998 nach 40 Jahren außer Dienst gestellt und demontiert. Heute befindet sich auf dem Gelände ein Golfplatz. Die Suche nach Außerirdischen geht hingegen unbeirrt weiter.

KURIOS

Ein im 18. Jahrhundert auf Schloss Heidelberg errichteter Tanzboden …?

A: weist die deutlich eingeprägte Schrittfolge des Wiener Walzers auf

B: lässt sich zu einer Speisetafel für 42 Personen umklappen

C: ist auf einem Weinfass von 220 000 Litern Fassungsvermögen angebracht

C: ist auf einem Weinfass von 220 000 Litern Fassungsvermögen angebracht

Etwa eine halbe Million Menschen besichtigt jedes Jahr das Große Fass im Heidelberger Schloss. Es ist das vierte seiner Art. Nummer eins, das sogenannte Johann-Casimir-Fass, wurde im Jahr 1591 erbaut und bot Platz für rund 127 000 Liter Wein. Es wurde im Dreißigjährigen Krieg zerstört. Holzfass Nummer zwei, in Auftrag gegeben vom pfälzischen Kurfürsten Karl Ludwig, entstand 1664 und fasste knapp 200 000 Liter. Auf ihm wurde erstmals ein Tanzboden für höfische Feste errichtet, zu dem hinauf eine Treppe führte. Sie dient auch zur Besichtigung des kompletten Fasses. Dieses Fass überstand zwei pfälzische Erbfolgekriege, wurde aber zusehends marode.

Auch das dritte Fass, gebaut 1728 unter Kurfürst Karl Philipp, besaß den Tanzboden, war aber ebenfalls immer wieder undicht. Karl Philipps Nachfolger, Kurfürst Karl Theodor, ließ um 1750 in der Tradition seiner Vorgänger das nächste und bis heute letzte große Weinfass bauen. Es ist sieben Meter breit, 8,5 Meter lang und besitzt ein Fassungsvermögen von rund 220 000 Litern. Den Tanzboden gibt es bis heute, doch wer sich darauf austoben wollte, würde mit dem Kopf an der Decke anstoßen. Den vorliegenden Chroniken zufolge gab es übrigens bei all diesen Fässern insgesamt nur ein einziges Mal eine komplette Füllung – in einem sehr guten Weinjahr. Meist wurde der Inhalt schneller zu Essig, als das Fass gefüllt werden konnte. Seiner Berühmtheit tat dies aber bis heute keinen Abbruch.

141.

Die »chirale Signatur des Duftes« gibt Auskunft über den Gesundheitszustand einer Pflanze und ist auch ein Parameter für …?

A: die Trinkreife von Eiswein

B: die Echtheit eines Parfüms

C: den Wassergehalt in Tomaten

B: die Echtheit eines Parfüms

Wenn zwei Seiten oder Hälften einer Sache chiral angeordnet sind, dann sind sie nicht deckungsgleich, sondern spiegelbildlich zueinander. Das Wort kommt vom altgriechischen »cheir« – »Hand, Faust«. Die Hände sind auch das beste Beispiel für Chiralität: Die rechte und linke Hand eines Menschen gleichen einander. Sie sind aber trotzdem nicht deckungsgleich, sondern spiegelbildlich, weshalb ja auch der linke Handschuh nicht auf die rechte Hand passt. Chiralität kommt in der Natur häufig vor. Schneckenhäuser etwa sind entweder rechtsherum oder linksherum gewunden.

Sogar in Molekülen können Atome chiral angeordnet sein. Das betrifft auch die Stoffe, die von Pflanzen abgesondert werden: Der Duft jeder Pflanze hat eine ganz bestimmte chirale Signatur, quasi einen chiralen Fingerabdruck. Wenn er sich verändert, zeigt das, dass die Pflanze krank ist. Das hat ein gemeinsames Forschungsteam der Mainzer Universität und des Max-Planck-Instituts für Chemie am Beispiel einer jungen Kiefer gezeigt. Wurde das Bäumchen beschädigt oder litt es unter Trockenstress, dann veränderte sich die chirale Signatur seines Duftes. Er roch zwar noch genauso wie vorher, aber auf molekularer Ebene unterschied er sich vom Duft einer gesunden Pflanze. Die Methode, mit der das Forschungsteam diese Veränderung nachweisen konnte, eignet sich somit, um kranke Pflanzen aufzuspüren – und ebenso, um Parfümfälschungen auf die Spur zu kommen.

142.

Der Marmorblock, aus dem Michelangelos weltberühmte Skulptur des David gehauen wurde, …?

A: wurde von zwei Künstlern vor Michelangelo erfolglos bearbeitet

B: stammt aus dem gleichen Steinbruch wie der Stein der Siegessäule

C: diente zur Anfertigung von sechs weiteren Skulpturen

A: wurde von zwei Künstlern vor Michelangelo erfolglos bearbeitet

In den Steinbrüchen Fantiscritti oberhalb des berühmten Toskanastädtchens Carrara wird schon seit der Römerzeit Marmor abgebaut. Doch erst der große Renaissancebildhauer Michelangelo Buonarroti machte den Carrara-Marmor weltberühmt. Sein wohl bedeutendstes Werk ist die mehr als fünf Meter große und fast sechs Tonnen schwere Statue des David. Sie wurde zwischen 1501 und 1504 aus einem einzigen Marmorblock gehauen. Doch bereits vier Jahrzehnte zuvor war der Klotz im Steinbruch geschlagen und per Schiff nach Florenz gebracht worden. 1464 erhielt der Florentiner Bildhauer Agostino di Duccio vom Dombauamt der Stadt den Auftrag, eine David-Skulptur herzustellen, die einen Strebepfeiler des Doms schmücken sollte. Doch nach zwei Jahren wurde er von dem Auftrag entbunden.

Auch Antonio Rossellino, einer der bedeutendsten italienischen Bildhauer des 15. Jahrhunderts, arbeitete sich zehn Jahre später vergeblich an dem massiven Block ab. Anschließend stand das sperrige Teil rund drei Jahrzehnte im Domgarten, ehe Michelangelo den Auftrag erhielt, es zu bearbeiten. Was fast unmöglich schien, wurde zu seinem berühmtesten Werk: Heute gilt sein David als die wohl berühmteste Skulptur der Kunstgeschichte. Den selbstbewussten Bürgern der jungen Republik Florenz galt die kraftvolle Statue als Symbol der Freiheit und Stärke gegen die mächtigen Herrscher der Medici, die als Goliath angesehen wurden.

143.

Welche Maßnahme wurde bereits im alten Griechenland empfohlen?

A: Berge auf einem Marmorbrett mit Rollen hinabfahren

B: körperliche Ertüchtigung mit einem Reifen aus Holz

C: entspannende Gymnastik aus dem fernen Indien

B: körperliche Ertüchtigung mit einem Reifen aus Holz

»Einen Reifen treiben bedeutet, man werde Anstrengungen unterworfen, aus denen dem Träumenden ein Nutzen entstehen wird.« So steht es im fünfbändigen Traumdeutungswerk des griechischen Wahrsagers Artemidoros, der im 2. Jahrhundert n. Chr. lebte. Dabei war er keineswegs der erste prominente Grieche, der die gesundheitsfördernde Wirkung bewegter Reifen erkannte. Auch im Buch »Corpus Hippocraticum«, das dem berühmten Hippokrates von Kos (um 460 v. Chr.) zugeschrieben wird und rund 60 medizinische Texte enthält, wird der Reifenlauf empfohlen. Mit den Händen oder einem Stock einen schweren Holzreifen vor sich herzurollen, sei gut für die Gesundheit.

Nicht nur die Griechen, sondern auch die indigenen Völker Nordamerikas sowie die Inuit schätzten den Reifen zum Spiel und zur Jagd. Im 19. Jahrhundert war das Gerät ein beliebter Zeitvertreib junger Adliger. Die beiden Amerikaner Arthur Melin und Richard Knerr schließlich stellten Ende der 1950er-Jahre Kunststoffreifen her, von denen sie innerhalb von nur vier Monaten 25 Millionen Exemplare verkauften. Sie nannten die Teile Hula-Hoop. Hula ist ein hawaiianischer Tanz und »hoop« das englische Wort für »Reifen«. Heute findet man sie in fast jedem Kinderzimmer, doch auch in Fitnessstudios und Hundeschulen zählen sie zum Standard. Selbst in der olympischen Disziplin rhythmische Sportgymnastik ist der Reifen zu Ehren gekommen.

144.

Um gesundheitliche Risiken zu vermeiden, sollte Petersilie aus dem Garten nicht …?

A: gedüngt werden

B: geerntet werden, wenn sie blüht

C: im selben Beet mit Rosengewächsen angebaut werden

B: geerntet werden, wenn sie blüht

Kaum ein Kraut ist so aromatisch und enthält gleichzeitig eine so breite Palette an Vitaminen, Mineralstoffen und Spurenelementen wie Petersilie. Nicht umsonst galt sie in der Antike als Heilpflanze, und auch heute beweisen zahlreiche Studien, dass die Blätter herausragende medizinische Eigenschaften besitzen. Sie wirken unter anderem krampflösend und antibakteriell, tragen zur Entgiftung des Körpers bei, senken den Blutzuckerspiegel und bekämpfen mit Antioxidantien freie Radikale, die chronische Krankheiten auslösen können.

Wer das Würzkraut selbst kultivieren möchte, muss unbedingt beachten, dass die zweijährige Pflanze im zweiten Jahr zwischen Juni und Juli bis zu 70 Zentimeter hohe Blütenstiele mit typischen Dolden hervorbringen kann. Aus den eher unscheinbaren gelb-grünen Blüten entwickeln sich dann die Samenkörner, die für den Verzehr nicht geeignet sind. Sie enthalten eine hohe Menge an Apiol – ein Giftstoff, der allergische Reaktionen hervorrufen kann, die zu Leber- und Nierenschäden führen. Es ist also ratsam, sich vor der »dunklen Seite des Krauts« zu hüten und in der Blütezeit lieber auf die Ernte zu verzichten. Nicht umsonst wurde die Petersilie zur Giftpflanze des Jahres 2023 gewählt.

145.

Wird ein Spiegelei in den USA »over easy« zubereitet, dann wird …?

A: das Eigelb eingestochen, damit es über das Eiweiß läuft

B: es gewendet und kurz auf der Eigelbseite angebraten

C: es mit heißem Öl übergossen, sodass das Eigelb stockt

B: es gewendet und kurz auf der Eigelbseite angebraten

Amerikanische Frühstückskultur unterscheidet sich von der mitteleuropäischen grundlegend. Auf der anderen Seite des Großen Teichs gilt oft die alte Regel: »Morgens wie ein Kaiser, mittags wie ein König ...« Eine Sache darf dabei eigentlich nie fehlen: Eier. Im Internet finden sich Seiten mit Titeln wie »49 Wege, mit dem Frühstücksei in den Tag zu starten«. Wer in einem amerikanischen Restaurant frühstückt, muss auf jeden Fall mit der Frage »How would you like your eggs?« rechnen. Wer sein Fachwissen zeigen möchte, sollte Begriffe wie »eggs Benedict« (»verlorene Eier«), »hard-boiled« (hart gekochtes Ei), »soft-boiled« (weich gekochtes Ei) oder »scrambled« (Rührei) kennen.

Und dann gibt es da noch (mindestens) vier verschiedene Bratstufen für Spiegeleier: »sunnyside up« – wörtlich: »mit der Sonnenseite nach oben« – ist die wohl bekannteste. Hier wird das Ei nur auf einer Seite gebraten, und das Eigelb bleibt flüssig. Wird das Ei gewendet und kurz auf der anderen Seite gebraten, nennt man das »over easy«. Dabei bleibt das Eigelb noch relativ flüssig. Danach folgen die Stufen »over medium« – hier ist das Eigelb teilweise gegart. Ganz durchgekocht ist es in der Version »over hard eggs«, auch als »well-done« bekannt, genauso wie beim Steak.

146.

Wie kann laut einer australischen Studie von 2022 eine lebendige Vorstellungskraft bei Menschen gemessen werden?

A: Laute Aussprache führt zu einer erhöhten Körpertemperatur.

B: Die Nacherzählung körperlicher Leistung regt die Muskelbildung an.

C: Der bloße Gedanke an helles Licht verändert die Pupillenweite.

C: Der bloße Gedanke an helles Licht verändert die Pupillenweite.

Denken Sie einmal an einen Urlaub am Meer. Normalerweise tauchen vor dem inneren Auge Strand und Wasser auf, Sie hören die Wellen plätschern und die Palmen rauschen. Wer nicht in der Lage ist, geistige Bilder wie diese aufzubauen, dem fehlt die visuelle und akustische Vorstellungskraft. In diesem Fall sprechen Forschende von Aphantasie. Der 2015 eingeführte Begriff leitet sich vom griechischen »phantasie«, also Vorstellungskraft, und dem Buchstaben »a« ab, der einen Mangel ausdrückt. Man vermutet, dass etwa jeder 20. Mensch auf der Welt dieses Manko hat. Bis vor Kurzem ließ sich diese neurologische Störung aber nur durch Selbstdiagnose herausfinden.

Eine Studie der University of New South Wales in Sydney aus dem Jahr 2022 ermittelte nun, dass sich Aphantasie am Pupillenreflex ablesen lässt. Je nachdem, wie viel Licht auf das Auge trifft, weiten oder verengen sich die Pupillen. Wer eine lebendige Vorstellungskraft besitzt, bei dem verändert bereits der bloße Gedanke an helles Licht die Pupillenweite. Bei Menschen mit Aphantasie blieb in der Studie diese Reaktion aus. Die australischen Forschenden kommen zu dem Schluss, dass so bald objektive und zuverlässige Tests für die Stärke der menschlichen Vorstellungskraft möglich sein könnten. Dabei hätten sowohl das komplette Fehlen der visuellen Vorstellung als auch ein überaktives Kopfkino weitreichende Auswirkungen auf unsere Gedanken- und Gefühlswelt.